『何かをやりとげたいと思った、

７０歳の日本一周の旅』正誤表

本書にて下記の誤りがございました。

お詫びして訂正します。

本文８５頁（後ろから４行目）

（誤）　鳥取県の松江市

（正）　島根県の松江市

株式会社 扶桑社

何かをやりとげたいと思った、

70歳の日本一周の旅

阿波《あなみ》周作

2022年12月15日
沖縄県那覇市のフェリー会社で、船酔いしたRAV4と再会する

9月10日
境港市　水木しげるロードで鬼太郎とツーショット

9月7日
病院の前で、さあ出発！

9月12日
鳥取、道の駅ようか但馬蔵　八鹿豚とんかつ定食は美味しかった

9月9日
出雲大社のしめ縄はでかい！

9月14日
金沢城は屋根が白くて五十間長屋が印象的だった

9月10日
松江市　堀川めぐり
風情がありますね

９月23日
水田に建っているショウナイ・ホテル・スイデン・テラス

９月25日
弘前公園から弘前城と岩木山を見る

９月25日
綺麗ですが、人がいなくて寂しい十和田湖でした

９月16日
夏の白川郷　暑かったけど藁ぶき屋根の葺き替えも見れた

９月18日
人が多かった松本城

９月20日
長野市　牛に引かれて善光寺参り

10月６日
日本最北東突端地の所までで知床岬には行けなかった

９月28日
函館山の夜景、人が多くてバスが何台も停まっていた

10月８日
日本最北端　宗谷岬
車でここまで来たんだと感動した

10月１日
襟裳岬に来たんだと少し感動した

10月８日
小学５、６年の時に通った稚内の小学校を見て、涙が出そうになった

10月５日
納沙布岬「返せ北方領土」沖には国後島が見えた

10月11日
富良野町は山に囲まれた盆地である

10月９日
日本一周の旅のステッカーは大事

10月11日
富良野町「くまげら」で食べたカレーライス

10月９日
日本一周の旅のステッカーで注目度が上がった

10月11日
ファーム富田の花は、周りの山との対比で一段と綺麗に見えた

10月11日
旭山動物園はおもしろい

10月17日
みちのく深沢温泉
露天風呂で観た紅葉が綺麗でした

10月18日
盛岡市の「ちりめん亭」の塩ラーメンが最高に美味しかった

10月18日
八戸市蕪島　カモメが沢山飛来する所で有名、外国人も来ていた

10月12日
夕張市で泊まったビジネスホテル

10月14日
小樽の運河、遊覧船もあって風情があります

10月15日
余市市の「ぼうまるや」の海鮮丼は美味しかった

10月20日
陸前高田市の震災遺構のアパート
14mの高さまで津波が来ていた

10月24日
会津若松市の鶴ヶ城は綺麗なお城だった

10月24日
栃木県那須塩原の元泉館の温泉は最高に気持ちよかった

10月19日
盛岡市内にある旧岩手銀行赤レンガ館

10月19日
盛岡市役所のそばを流れる中津川
鮭が登ってくる川

10月19日
宮古市の南にある山田町の防潮堤
高さ14～15mくらいで海が見えない

10月30日
浦安市の田苗さん宅の前で奥さんと

10月25日
栃木県の大学時代の友達　まだ乳牛の診療をやっています

10月31日
国分寺市の前間さん親子と一緒に

10月27日
千葉県に住む大学の空手部の後輩　元気でした

11月１日
横浜の中華街で弟と一緒に

10月27日
夕暮れの犬吠埼では若い女性と２人だけだった

11月３日
陰になった富士山と日が当たったススキがきれい

11月１日
横須賀で今津君の家でツーショット

11月４日
本栖湖から見た富士山
手前の植物との対比がいいね

11月２日
小田原城と松の木

11月５日
美保の松原から見た富士山

11月３日
裾野市から見た富士山
手前のコブは宝永火山

11月８日
金華山に建つ岐阜城
眺めは最高

11月５日
浜松で中沢と美味しいうな重を食べた

11月10日
嵐山の渡月橋　人が多い

11月６日
杉浦さんの案内で八丁味噌工場見学

11月10日
京都市「磔磔」のステージの水島

11月７日
金の鯱が輝く名古屋城

11月15日
大阪市大正区
山下、森川さんと再会した

11月12日
伊勢神宮の五十鈴川には多くの人が集まっていた

11月16日
淡路島の神杉の別荘で懇親会

11月14日
高野山　奥の院のお墓の数に圧倒された

11月18日
四国　徳島の二番札所の極楽寺にて小川と

11月15日
奈良東大寺　南大門
大きいですね

11月24日
室戸岬は黒い岩に白い波しぶきがあがっていた

11月19日
四国三豊市　小山のピザ店・風《ふう》音《ね》で

11月24日
むろと廃校水族館は面白い

11月21日
松山城の天守閣からの眺めは良かった

11月26日
備中松山城
日本で一番高い所にあるお城

11月22日
足摺岬は寂しかった

12月４日
海のそばに建つ平戸城

11月27日
四国　今治城
藤堂高虎の銅像がカッコイイ

12月４日
長崎南高ラグビー部の仲間と

11月27日
千光寺公園から見た尾道の街と尾道水道

12月５日
長崎大浦天主堂の横の小径

11月29日
岩国の小雨に煙る錦帯橋も良かった

12月5日
雲仙市小浜町
雲仙温泉　青雲荘のにごり湯

12月6日
柳川市　日の出屋のうなぎのせいろ蒸し

12月7日
熊本城　修復が終わった天守閣

12月8日
鹿児島市で獣医師の大川君と食事をした

12月9日
南側から見た桜島

12月10日
宮崎市青島　鬼の洗濯板

1月14日
沖縄県読谷村のやちむん屋でシーサー作り

12月10日
宮崎市鵜戸神宮
運玉投げ

1月28日
シーサーがうまく作れました

12月29日
国頭郡国頭村
沖縄最北端の辺戸岬

1月29日
コンビニのオーナーとゴルフ

2023年1月4日
糸満市の白銀堂に初詣

２月23日
石垣島で勢理客さんとゴルフ

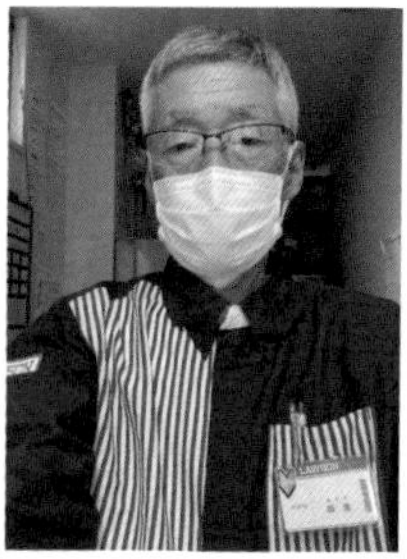

２月15日
糸満のローソンでバイト中

２月26日
A＆Wでハンバーガーとルートビア

２月17日
伊藤（ヤギちゃん）と、うるま市勝連比嘉にて

２月26日
琉球村で沖縄美人と

２月18日
竹富島で牛車による町内観光

はじめに　～旅立つ前のお話～

人生は一度きり。日本一周の旅に出発した時の年齢は70歳でした。

コロナの感染が始まる随分前から、「いつかは日本一周をしてみたい」と思っていました。日本という小さな国に住みながら、行ったことがない町や見たことがない景色がたくさんありますね。市町村全部は行けませんが、せめて47都道府県をすべて周ってみたいと思いました。死ぬ間際に、自分の人生を振り返った時に、「まあまあの人生だった」と思えるようにしたい。そのような思いから、1人で車での日本一周の旅を考え始めたのです。

それから、知人や友達にも会おうと考えました。

小学校、中学校、高校、大学卒業以来、一度も会っていない人達もいます。今、どうしているのだろう。どういうふうな生活をしているのだろう。久しぶりに会ってみたくなりました。

そして、この旅で友達を作りたいと思いました。知らない遠い町で、新しい友達を作りたい。若い頃は友達が出来るチャンスが多かったのですが、歳を取ると、行動範囲も決まっていますので、新しい友達が出来にくくなります。人と付き合うのは、時間とエネルギーを使いますが、黙っていて何もしなければ疎遠になっていくだけです。動けなくなるまで、記憶がなくなるまでは、可能性に挑戦したいと思います。

「なぜ、奥さんと一緒に行かないの」と、よく聞かれました。現状、妻は、動物病院の経理から受付、診察の補助、薬の準備など全般を担当していますので、病院を長期に休むことが出来ないのです。そのかわり、私が旅に出ている間は、食事を作る必要もないし、洗濯の量も減るし、1人で気軽に暮らせるという骨休みは出来ますね。それと、今回の旅は、単独でという目的もあったのです。堀江謙一さんの「太平洋ひとりぼっち」とまでは行きませんが、堀江さんのように、1人で日本一周をなしとげたいという気持ちがあったのです。

はじめまして。阿波周作と申します。

申し遅れましたが、私の名前は阿波《あなみ》周作と言います。

あなみという苗字は珍しく、小さい頃から、この阿波という名前をちゃんと読んでもらえないことが多くありました。「あなん」とか「あわ」とか「あは」というふうに呼ばれたりしました。その度に「あなみ」ですと訂正しなければならなかったのです。

1951年、北九州市門司区で生まれました。3つ下の弟と2人兄弟です。現在72歳。妻と2人暮らしで、子供は3人いますが、それぞれ独立して別に暮らしています。住んでいる所は福岡県宗像市といって、福岡市と北九州市の中間にある街です。

小さい頃、父親は海上保安部の巡視船に乗っていましたので、月の半分くらいは家にいませんでした。それと、国家公務員でしたから転勤が多かったですね。

長崎県立長崎南高校を卒業し、日本獣医畜産大学（現在は日本獣医生命科学大学）に入学して、獣医師への道を歩み始めました。なぜ獣医師になったのか？　とよく聞かれますが、私の場合、特に理由はありませんでした。私は、当時は獣医師がどういう仕事をするのか分かっていませんでしたし、ましてや小動物や大動物の診療をする獣医師がいるなんてことも全然知らなかったのです。

「動物が好きだったからです」と答えられると良いのでしょうが、特別、動物が好きという訳ではありませんでした。今思えば、進路を考えていた時に、父親から「技術を身に着けた方が良いよ」と言われて、それが獣医学部に進学するきっかけになったかもしれません。

１９７５年に大学を卒業し、栃木県の三和酪農協同組合（牛乳を扱う指定団体）に就職しました。空手部の先輩の米良《めら》さんが働いている所で、米良さんと一緒に働きたいと思ったのでした。配属先も米良さんが働いている烏山支所になり、毎日、米良さんと一緒に仕事に回るようになりました。ところが、翌年、私が交通事故を起こして足を骨折してしまったのです。手術をしましたが入院が長くなるので、福岡の病院に転院を勧められて福岡に帰りました。ところが、退院してから再骨折を起こし再手術となりました。

その後は順調に回復しましたが、三和酪農組合は退職し、１９７８年に福岡県酪連に転職しました。

福岡県酪連で18年間働いて、１９９６年に退職し阿波獣医科病院を開業しました。２００８年には動物病院を建設し、その際、小動物と大動物を診る病院にしたのです。しかしその後、周辺の酪農家など牛を飼っていた農家が次々と廃業したため、５～６年前からは小動物専門の病院になりました。今は次男が院長として私の後を継いでくれていますので、私は一応毎日病院に出勤して、検査や診察の手伝いなどをしますが、ゴルフや水彩画や少年ラグビーのコーチをしたりして、好きなことが出来る状況にはあります。

この旅でやってみたかったこと

まず、友達や知人に会いたいと思いました。

学校時代の友達、高校ラグビー部の同級生、大学の空手部の同級生や後輩、開業時代に一緒に働いた獣医師など、お世話になった人達です。中には50年くらい一度も会っていない人達もいました。今、どうしているのだろう？　どういうふうな生活をしているのだろう？　久しぶりに会ってみたくなりました。でも住所しか分からない人もいて、事前に連絡も出来ないまま、突然、家を訪問した人達もいました。また、いろいろな事情で会えなかった人達もいました。それぞれ遠い所に住んでいますので、今回会えなかった人達には、今後も会うことは多分ないと思いますが、これも運命ですかね。

次に、いい温泉に入りたいと思いました。

私は温泉に入るのが大好きで、車にはいつも温泉グッズを積んでいました。ただ、コロナの感染が続いている状況で温泉に入るのはちょっと心配でしたが、お客さんが少ないのを確認して入るように心がけました。

私が入りたかった温泉は、湯の華じゃないですが、ちょっと濁りがあって（汚れではないですよ）、ヌルヌルした感じのお風呂です。残念ながら福岡には、そういう私好みの温泉がないのです。

そして、お城を見ることも楽しみでした。

お城も全国各地にありましたが、それぞれ個性がありましたね。お城が建っている場所も色々でした。山の頂上に建っているお城、町の真ん中にあるお城、海のそばにあるお城、いろいろな所に建っていました。お城によっては、国宝となっているため、昔のままの黒光りした木造の急な階段がそのまま残っており、天守閣に登るのが大変な所もありましたが、けっこう皆さん頑張って登っていました。色々なお城を見てきましたが、戦国時代には、このお城で侍たちが生活をしたり、戦に出陣したり、あるいは敵に攻め込まれたりしたのですよね。それを考えると、お城というのは戦国時代のことが覗ける、現代のタイムカプセルじゃないかと思いました。

それから、地元の美味しい料理を食べることです。

しかし、これが意外と難しかったのです。なぜかというと、朝はほとんど朝食付きでホテルで食べることが多かったですからね。昼食は外食ですが、昼の時間にちょうど食堂があればいいのですが、これがなかなかないのです。結局コンビニで弁当を買って食べたり、やっと見つけた小さな食堂で食べることが多かったですね。夜は、ビジネスホテルに泊まることが多く、ホテルの近くで、食堂や居酒屋さんで食べたり、コンビニでビールとおかずだけ買って来たりしていました。

ただ、幸運にも、地元の美味しい料理を食べられたこともありましたよ。ふらっと入ったラーメン屋さんが美味しかったり、長時間待たされた蕎麦屋さんで食べた天ぷらそばが美味しかったこともありました。これは本当に運と言っても良いと思いますが、これこそ旅の醍醐味かもしれませんね。

前もって美味しいお店を調べて予約していたら、美味しい料理が食べられたかもしれないですが、私の場合は食べることよりも、宿泊するホテルを確保するのが先決でした。だいたい2〜3日くらい前に、泊まる町を決めてホテルを探していましたが、これがなかなか大変で、そもそもホテルがなかったり、あっても満室だったりして、なかなかホテルが見つからないこともありました。それと、泊まる部屋の個人的な条件もありました。シングルで禁煙室でバス・トイレ付、さらに朝食付きとなるとなかなか難しいのです。

旅をするにあたって決めたこと

日本一周の旅ですから、47都道府県全部を周ろうと思いました。沖縄も車をフェリーで送って行ってきました。その沖縄には2か月半滞在して、アルバイトをしながら、石垣島、宮古島も見てきました。全県を周るためには、効率の悪い周り方になることもありました。ちょっと戻ることになったり、海岸線から内陸部に入って行ったりしました。県によっては海がない所もありますからね。だいたい各県1泊の予定で周りましたが、宿泊しないで、名所に寄っただけの所もありましたし、あるいは2泊した所もありました。

それから、宿泊はホテルに泊まることにしました。車の中で寝る車中泊もありますが、私は夜はシャワーを浴びて、ベッドでゆっくり寝たいと思ったのです。昼間は運転したり、歩き周ったりして疲れるでしょうから。それと、朝食付きのホテルなら、朝食のことを考えなくていいので楽ちんです。

そして、高速は使わないルールにしました。ぶらぶら旅なので、一般道を走りながら、面白そうな所や寄ってみたい所があればUターンして寄ってきました。高速だと目的地に早くは着きますが、高速代はかかるしそんなに寄り道が出来ません。

目的地にはナビの案内で行きました。本当にナビはすごいですね。目的地を入力したら、ちゃんと目的地に連れていってくれるのですから。ナビがなかったら、この日本一周が出来ただろうかと思います。ただ、ナビも完璧ではありません。ナビでも道に迷ったことが何度かありましたし、高速に乗せようとすることもありました。

さて、それでは、前置きはこれくらいにして、皆さんと共に日本一周の旅に出かけましょう。

なお、本文中、敬称は省略させて頂きました。

2024年5月

阿波周作

目次

スペシャルサンクス　瀧口 修治

ブックデザイン　bookwall
カバーイラスト　岡本 ゆうき
DTP　初雪デザイン
校閲　若林 智之
編集　物語と漫画と

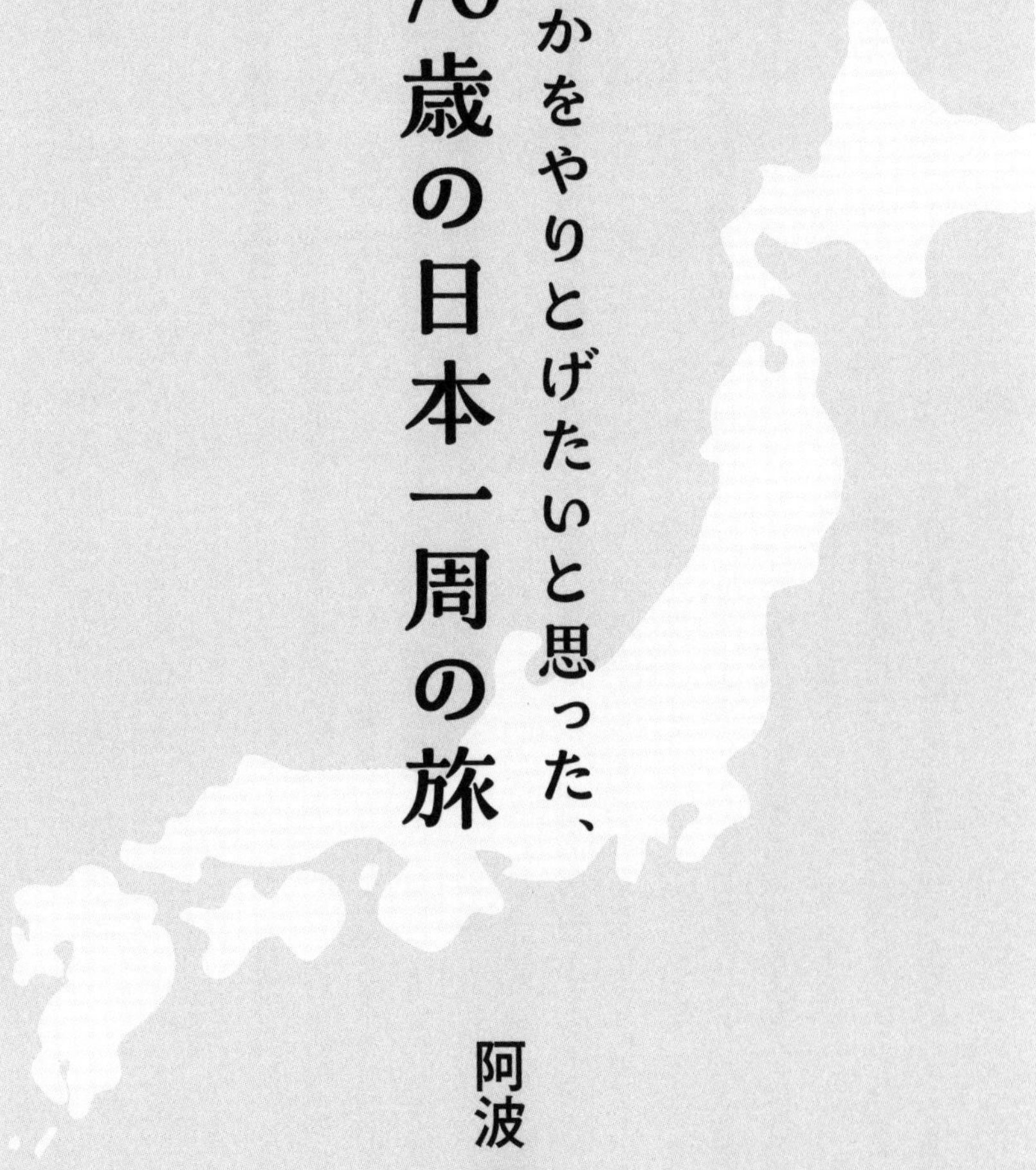

何かをやりとげたいと思った、70歳の日本一周の旅

阿波 周作

1話

コロナの発生から出発まで

日本一周の旅に行くと家族に宣言

いよいよ家族に「日本一周に行きたい」と伝えました。

すると妻は、「いつでもどうぞいってらっしゃい」と嬉しそうに答えてくれました。妻は私がいない方が楽なので大歓迎の様子でしたね。毎日、食事の用意をしなくて済むし、洗濯も自分の分だけで少なくて済みます。私は病院の方が心配でしたが、妻は「いいえ、大丈夫です」と言ってくれました。妻にとっては、私が旅に出ている間は、最高の休暇になったんじゃないかな？

長女はハンガリーの方と結婚していて、現在は旦那さんの仕事の関係でオーストリアに住んでいます。娘達は旅行が好きで、日本に住んでいる時もあちこち旅行していましたので、あそこが良かったなどといろいろアドバイスしてくれました。

長男は私が旅に出ると伝えたら、事故を起こさないようにと気遣ってくれました。長男の所は、子供達がバドミントンをやっていて、試合が全国各地で行われるので、私よりもたくさん旅をしています。

現在、病院の方は次男が院長をしています。次男に「日本一周の旅に出る」と伝えたところ、「いいよ」と言ってくれました。大丈夫だと思っていましたが、やはり病院のことが気になって

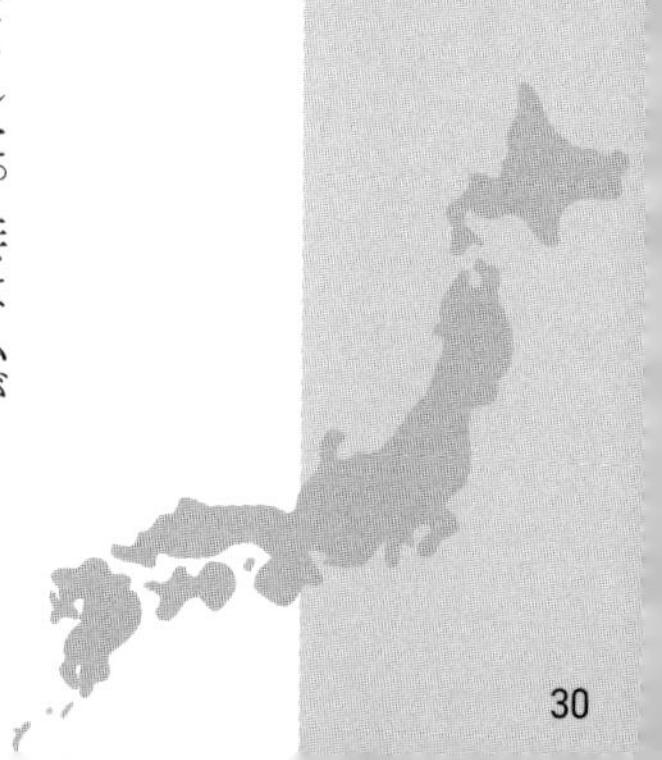

いましたので安心しました。これで3年前からの夢がやっと実現できると思いました。

日本一周は車で行くと決めていた

旅は最初から車で行こうと考えていました。ただ、車種は最初、キャンピングカーを考えていました。キャンピングカーだとホテルを探して予約する必要がありませんからね。それと、車の中に冷蔵庫やテレビ、キッチンなどが装備されている車もあって、いいなと思っていました。

そこで、キャンピングカー専門のお店に何度も見に行きました。しかし、値段が高かったですね。2トントラックを土台にしたキャンピングカーで600万円くらいで、納車は半年先になるとのことでした。車の中に冷蔵庫、テレビ、キッチンなどを装備すると車も大きくなり、値段はぐっと高くなりました。自宅までキャンピングカーを持ってきてもらい、駐車場に収まるか、試してみたこともありました。

しかし、日本一周という長距離を走るときに、一番重要だと考えたのは運転のしやすさ、運転席の安楽性の2点でした。それと、旅が終わった後の車の利便性です。乗用車の方が運転が楽で、キャンピングカーで買い物に行くのは、大きすぎるなと思い、結局、乗用車にすることにしました。

それからは、荷物がたくさん積めて、いざという時に車中泊できるような乗用車を探しました。後は値段、運転のしやすさ、乗り心地、車の形などを試乗して比べてみました。

その結果、トヨタのRAV4《ラヴフォー》が気に入ったので、RAV4を購入することにしました。乗り心地が良くて、運転しやすく、車の形も気に入りました。車は新車ではなく中古車で購入することにしました。中古車の方が値段が安いし、ナビ、ドライブレコーダー、電動ルーフなどがすでに装備されています。それと、日本一周するのですから、新車だと傷が付かないかと神経を使います。中古車なら、多少傷が付いてもしょうがないで済みますからね。

全国のトヨタの販売店で、比較的新しい車で、走行距離が短く、故障がない車を探しました。すると、広島の販売店に状態が良いRAV4がありました。

結局、その車を購入することにしました。そして2020年8月、RAV4が運ばれてきて対面したのですが、私の好きな色である紺色の車体でかっこ良かったです。傷もなく、この車を選んで正解だったと思いました。

いざ旅へと思った直後、コロナがやってきた

はっきりといつ頃か覚えていないのですが、コロナの感染が始まる前からですので、2019年頃からですかね、日本一周の旅に出たいと思い始めたのは。ところが、2019年12月初旬、中国で初めてコロナ患者が報告されました。次いで2020年1月15日、日本で1例目のコロナ患者が出て、あっという間に、日本中にコロナ感染が拡大していきました。その時の思いは、なんで今頃、こんな前代未聞のウイルス病がまん延するのかという恨めしい気持ちで一杯でした。

コロナの感染が拡大していく状況で、日本一周の旅に出ても面白くないと思いました。感染しないかとビクビクしながら旅行するなんてつまらないです。しかも旅行中に感染したら

大変です。自分の家だったら自分を隔離して、食事も出来ると思いますが、ホテルは受け入れてくれるかどうか心配でした。そのため仕方がないですが、旅行は延期して様子を見ることにしました。

最初の頃は、そのうち、感染は収まるだろうと思っていたのです。

ところが、その後もコロナの感染は減少と拡大を繰り返し、一向に終息する気配が見えませんでした。そして、コロナの発生から2年余り経った2022年1月、これ以上待てないと思い、次男に今年の7月に日本一周の旅に出るつもりだと伝え、息子も了承してくれました。

7月初めになり、旅の準備を始めました。衣装ケース、クーラーボックス、ポータブルの電源、調理器具などを購入しました。ところが、7月7日頃、再びコロナの感染が拡大してきたのです。もう少しで出発だという時に、本当にコロナが憎らしかったです。それでもまだ7月15日に出発する予定で、山口県と島根県の2か所のホテルに予約をしました。そんな中、7月11日に病院のスタッフの1人が、発熱と喉の痛みを訴え、仕事を休んだのです。ご主人がコロナ陽性だとのこと。周りでもコロナの感染が出てきました。

そして、7月14日、夜のニュースで東京都のコロナの感染者数が1万6000人を超えたと報じられました。加えて、全国的にコロナが感染拡大しているとのことでした。

しょうがない、また我慢するしかない。旅の準備も大方済んでいたのですが、出発を取り止めにすることにしました。

翌日、病院のスタッフに日本一周の旅の延期を告げました。そして、予約していたホテルをキャンセルし、知人や友人に旅の延期を伝えました。

8月18日、お盆が過ぎてコロナの感染者が益々増えました。全国で過去最高の感染者数25万人となりました。それでも、9月には旅に出たいと思っていました。なぜかというと、10月に入ると北海道では雪が降る所が出てくるからです。

8月29日、残暑が厳しいですが、全国の感染者は15万人まで減少しました。もっと感染者が減少してくれと思いました。しかし、それでも神様は出発させてくれませんでした。今度は強力な台風11号が北上して、福岡、山口方面に9月5〜6日頃上陸予定というので、出発は7日に延ばしました。ただ、その間に、車に必要な荷物を積み込んでいきました。9月5日、台風11号が北九州に接近して来て、夜になって風が強くなってきました。車にはすべて必要な物の積み込みが終わりました。9月6日の朝、病院に行くと、酪農家から頂いて植えていた桜の木が倒れていたので撤去することにしました。

そして9月7日、台風が去っても、コロナの感染は続いていましたが、感染予防には十分注意することにして旅に出ることにしました。何度も延期を余儀なくされましたが、やっと日本一周の旅に出発することが出来ました。

旅の準備

まず、荷物に関しては、冷蔵庫が必要だと思いました。9月はまだ暑いですから、お茶、ジュース、果物、そして牛乳を冷やす必要があります、牛乳は毎朝飲む習慣なので欠かせません。そして、その車載冷蔵庫を動かすためのポータブル電源を2台購入しました。1台が空になった時に、もう1台必要ですからね。次に、衣服を入れる衣装ケース、衣服は旅が夏、秋、冬の3シーズンにわたるため多くなりました。また、私は着るものにこだわりがある方なので、それもありましたけど。後は、温泉グッズ、水彩画の道具、寝袋はホテルが取れない時に必要ですね。

ゴルフバッグは場所を取りますが、どこかでゴルフをする機会があるかもしれないと思い積み込みました。スーツケースはホテルの部屋にポータブルの電源を運ぶために必要でした。後は、簡単な炊事道具、沖縄では2か月くらいの長期滞在を考えていましたので、必要だと思ったのです。iＰａｄは便利でしたね。出発前に娘の旦那さんからのアドバイスで、スマホをテザリングしていたので、ホテルのＷｉ－Ｆｉを使わずにインターネットが利用できました。iＰａｄで地図を見ながら、どこに何があるか、どこに泊まろうかなど調べました。

それから、車の点検もしました。長距離を走りますので、エンジンルームやタイヤをチェックしました。それと、トヨタコネクトという有料のサービスがあって、ちょうど更新の時期になったので継続の申し込みをしました。このトヨタコネクトは有料ですが、非常に便利で、道が分からない時やラーメンなどを食べたい時に、オペレーターが私のナビに道案内のデータを送ってくれるのです。また緊急の時は、頭上の赤いランプを押せば私の車の位置を確認して救急車の手配までしてくれます。私も旅の途中で一度、自分のナビでも道が分からなくなった時に利用しました。

2話

いざ日本一周へ出発！

2022年9月7日～10日

出発の朝です

午前9時30分、病院の玄関の前でみんなに見送られて私は出発しようとしていました。みんなで記念写真を撮ろうと言ったのですが恥ずかしがって、結局、スタッフの渡辺さん1人と並んで一緒に写真を撮ってもらいました。

日本一周に出かけるのだから、盛大にクラッカーでも鳴らしてと想像していましたが、意外に静かな見送りとなりました。ハーレー動物病院の小田先生が前夜、ドリンク剤をたくさん持ってきて、裏の階段に置いておいてくださいました。車に積んで持って行きました。ありがとうございます！　そして、妻がその日の昼食用にサンドイッチを作ってくれていました。ありがとう。

いよいよ出発です。心の中で次男に、「留守を頼むよ」と思いながら、車のエンジンをかけました。「じゃあ、行ってくるよ」と言って、普段通る道を北九州に向かって走り始めました。この辺はいつも通る道なので、本当に日本一周するのかなという感じでもありました。「日本一周の旅に出るんだ！」という気負いや感激もなく、出発直後は淡々としていました。決めた通り高速を使わないで、国道3号線を北九州方面に向かって走りました。

昼前に関門海峡を渡って本州に入りましたが、この関門海峡は九州の玄関みたいな所です。唯

一、九州から車で走って本州に行ける所です。高速を使うと、関門橋という眺めが良い吊り橋を走れるのですが、今回は高速を使わないので、関門国道トンネルを走って山口県に渡りました。

小学校時代の友達に会いに

山口県仙崎市、ここには小学校3年生から4年生まで住んでいました。私は門司市で生まれて、小学校3年生まで住んでいましたが、父親の転勤で3年生の時に仙崎に来たのでした。その当時によく一緒に遊んだ幼馴染の女友達の家が美容室をやっていたのを覚えていたのです。ただ、家がどの辺にあったかはもう覚えていません。わずかな記憶を頼りに商店街から、少し外れた住宅地で車をゆっくりと走らせながら美容室を探していました。

そのうち1軒の美容室があったので、車を近くの空き地に停めて中に入って声を掛けました。出てきた年配の女性に「中村さんという方がやっている美容室を知りませんか？　小学校の時に友達でした。お宅が美容室をやっていたのです」と聞いたところ、その方は「ちょっと待ってください」と奥に入り、他の家族に尋ねている様子でした。そして出て来られて「それ、うちみたいですね」と言われたのです。

「えー、ほんとですか！」美容室を何軒も回る覚悟をしていたのに、最初に飛び込んだ美容室で分かるなんて、なんとラッキーだと思いました。奥に入ってくださいと言われて、入らせていただくと、年配の方が2人いらして仕事をされていました。そして「お名前は？」と聞かれたので「阿波です」と答え、「今ね、妹は京都にいるので電話を掛けますね」と言って電話をかけてくれました。

私が仙崎にいた期間は2年ほどでしたが、電話に出た中村さんは、私のことを覚えていてくれて、仙崎から離れてから60年以上も経っているにも関わらず、昔に戻ったように話が出来ました。中村さんは小さい時は活発で、髪が天然パーマで男の子みたいに元気が良かったのです。それがお互い70歳を超えました。それにしても、中村さんの美容室が簡単に見つかるなんて思いも寄らなかったですね。実際には会えませんでしたが、電話で話せましたので、仙崎で友達を訪ねるという目的は果たせました。

出雲大社の日の丸は大きい

1日目は仙崎市から萩市に行って、日本一周の旅の最初のホテルに泊まりました。一応、ビジネスホテルでしたが朝食はついていなくて、部屋は2階でエレベーターはなく、重たいスーツケースを抱えて、階段を登らないといけませんでした。なぜスーツケースが重たいかと言いますと、ポータブルの電源1個とｉＰａｄ、炊事道具などが入っているからです。特にポータブルの電源は重くて7～8ｋｇもあるのですが、毎日、部屋で充電しないといけないのです。夜ご飯は近くの居酒屋で食べましたが、珍しくくじらの揚げ物があって、それをおかずにして日本酒を飲みながらいただきました。知らない土地で、初めて訪れたお店で、1人で食事をしていると「ああ、日本一周の旅に出たんだ」と実感しました。

翌日は、津和野町に寄って出雲大社を目指しました。出雲大社の手前の海岸に人が集まっていました。何だろうと思って、車を止めて見ると、弁天島という小さな島があり、岩上には小さな祠《ほこら》がありました。ここは「稲佐の浜」というパワースポットで、夕日が沈む景色が素晴らしいそうです。そこから、縁結びの神様と言われる出雲大社に向かいました。私は縁結びと聞いて、男女の縁と思っていましたが、男女の縁だけでなく、人々が豊かに栄えていくための尊い結びつきも含むそうですね。

出雲大社に近づくと、まず目に入ったのは大きな日の丸の旗でした。高さ47m、国旗の大きさは畳75畳分だそうです。私は気づかなかったのですが、遠く離れた場所からも白と赤のこの旗がよく見えるそうです。

そして日本最大級の大しめ縄がかけられた神楽殿《かぐらでん》に行きました。このしめ縄は長さ約13m、重さは5・2トンに及ぶ大きさで、日の丸の旗とともに日本一らしいです。たしかにこのしめ縄は、宗像市の隣の福津市にある宮地嶽神社のしめ縄より大きいですね。このように初めて訪れた出雲大社はなにもかもスケールの大きいお社《やしろ》でした。

宍道湖の夕日を市民と一緒に眺めた

右手に宍道湖《しんじこ》が見える道路を走りながら、どこかに車を駐めて宍道湖をゆっくり見たいと思ったのですが、なかなか車を駐める所がありませんでした。そうこうしているうちに、松江市の中心部に入っていきました。ナビの案内で今夜泊まる「ホテルサンラポーむらくも」に到着してチェックインしました。ホテルのフロントの方も親切で、ホテルの窓からは松江城が見えるし、宍道湖にも近いと聞いたので、いいホテルに泊まれたなと思いました。

その後、宍道湖に歩いていきました。途中、宍道湖大橋を渡りましたが、欄干の上にある擬宝珠《ぎぼし》が印象的で、橋の袂に柳の木があって風情がありましたね。それで翌日、この風景の絵を描こうと思いスケッチしました。宍道湖の湖面に沿ってある歩道に出て、やっと宍道湖をゆっくりと見ることが出来ました。

ちょうど湖面の向こうに夕日が雲に見え隠れしながら水平線に沈もうとしていました。そのうち市民の方が徐々に集まって来て、コンクリートが階段状になっている所があるのですが、そこに座る人が増えてきました。皆さん夕日が沈むのを見に来たのですね。私もそこに座って、夕日が沈むのを一緒に見ることにしました。残念ながら雲があって夕日を綺麗に見ることは出来ませんでしたが、雲に隠れながらも夕日が宍道湖の向こうに沈んでいくのが分かりました。なかなか普段、夕日が湖や海の彼方に沈む光景をゆっくり見られないですよね。いいですね、松江市は。近くに川や湖があって、しかも夕日が見える所があって。

夜ご飯はコンビニではなく、ホテルの方に紹介して頂いた「鶴丸」という料理屋さんに行きました。本格的な和食の料理屋さんで美味しかったです。

松江城とうなぎ

翌日、松江城にはホテルから近いので歩いていきました。それほど大きなお城ではないですが、松江城は全国に12城しか残っていない現存天守の1つで、松江城天守は国宝に指定されています。壁が黒いのでお城全体が黒っぽく見えますね。中に入って天守閣に登ろうとしたら、黒光りがする木造の急で狭い階段がありました。狭いし靴下で登るから滑りやすく、ほんとに登りにくかったのです。

なぜもう少し登り易くしないのだろうかと思って、係の人に聞きましたら、「国宝だから改修は出来ないのですよ」と言われました。その後、姫路城に登る機会があったのですが、姫路城も国宝で、やはり同じような階段で登りにくかったですね。

その黒光りのする階段の手すりを握りながら登っていくと天守閣に着きました。お城自体がそれほど大きくないので、天守閣から見える景色も、そんなに高い所から見るという感じではなかったです。

お城を出た後、松江大橋で写生をして、お昼はうなぎを食べに行きました。宍道湖で取れる天然のうなぎを食べられると思いました。ホテルで紹介してもらった「やくも」というお店で、鰻丼を注文しました。

食べた感じは、普通のうなぎと変わらなかったですね。食べた後に、お店の人に「うなぎは宍道湖で取れたうなぎですか?」と聞いてみると、「今は、宍道湖ではうなぎが取れないのです。それで静岡で養殖したうなぎを仕入れています」ということでした。

宍道湖で取れたうなぎを食べられると思っていたのですが、残念ながら天然のうなぎはもう食べられないのですかね。

松江市の大橋界隈は、福岡の中州に似ていると思いました。川が流れて、川の両側に料理屋さんがあって、川には遊覧船が浮かび、船に乗って景色を見ることが出来ます。

松江市は良い所ですね、湖があり、川があって、お城もあって、風情がある街だと思いました。

その後、松江市を後にして境港を目指しました。

3話 美味しい居酒屋を見つけた

9月14日～15日

金沢城の長屋は珍しい

夕方4時頃の金沢市内は車が混んでいて、一度、カーブで車と接触しそうになりました。危ない危ない、気を付けないと。

兼六園の近くの駐車場に車を駐めて、まず先に金沢城を見に行きました。兼六園側にある石川門から金沢城公園に入って行きましたが、敷地が広く印象的だったのは三の丸広場の向こうに結構長い長屋状のお城の建物があったことでした。こういう長屋状の建物は他のお城では見たことはありませんでした。建物の屋根瓦は白っぽく、壁も白色でしたので、お城全体が白っぽく明るく見えました。この長屋は五十間長屋といって、長さは１００ｍくらいあるそうです。その手前にお堀があって、五十間長屋に沿って歩いていくと、橋爪門があり、そこから城内に入って行きました。

金沢城内には、他のお城のように天守閣はありません。昔はあったらしいですが、火災で焼け落ち、本丸跡地はありますが、その後は再建されていないのです。ざっくばらんに言うと、金沢城というのは大きな長屋が２軒とそれに付属する３つの門で構成されていました。他のお城には見られない大きな長屋があるのが特徴です。この五十間長屋は武器などの倉庫で、戦の時は石を落としたり、鉄砲を撃つための格子窓があります。

今は芝生の広い広場や庭園などがあり、休憩する館もあって、お城と公園が合わさって金沢城公園となっているのです。

兼六園で見た着物姿の娘さん達

次に道路を挟んで金沢城の向かい側にある兼六園を見に行きました。

ここは、水戸偕楽園、岡山後楽園と並ぶ日本三大名園の1つです。広大な土地に、池、築山、茶店、松などを配置した広い庭園でした。初めて訪れましたが、まず目に付いたのは、着物を着ている娘さん達ですね。しかも着物を着ている娘さんが大勢いたから、最初、なぜかなと思ったのです。おそらく、貸衣装を借りて着ていたのでしょうね。

私は知りませんでしたが、兼六園や金沢城では、若い女性は着物を着るのがトレンドになっていたのです。実際に、特に兼六園では着物を着た女性を大勢見ました。そして、庭園と着物を着た娘さん達が似合っていたというか、ほんとにいい感じでした。

情緒漂う街並みの観光に、着物や浴衣に着替えて散歩するのは、1つの楽しみにもなりますし、また、見る方も癒されますね。庭園の方は、大きくて立派な松がたくさんありましたが、私にとっては着物を着た娘さんたちの方が印象的でした。

偶然入った居酒屋は最高！

夕方、金沢の美味しい料理を食べたいと思って、ホテルを出て、右手の方にぶらぶらと歩いていきました。金沢市の繁華街は人通りが多くて、道の両側には大きなビルが並んでいました。少し歩くと、大通りから右側に入って行く道があったので、その道に入って行くと、飲食店が並ぶ一角に出ました。その正面のやや右側に「設楽《しだら》」という居酒屋がありました。ここに入ってみようか。お店の中は右側にカウンター席があって、左側はテーブル席になっていました。お客さんは4~5人くらいで、カウンター席が空いていたのでカウンターに座わりました。初めてのお店ってどんな料理が出て来るか分からないのでちょっと緊張しますよね。割合、静かなお店で、メニューを見ると結構色々な料理が書いてあったんですよ。それで頼んだのは、ハタハタのから揚げ、小エビの刺身、能登のもずく、そしておでん。マスターから、「金沢のおでんは美味しいですよ」と勧められたので頼みました。それと、食べたことがないハタハタを食べられるとはラッキーでしたね。生ビールを飲みながら料理を食べましたが、どれも美味しかったです。メニューの多さと料理の美味しさと、マスターとの会話が楽しく満足しました。

次の日は能登半島を見てから再び金沢に戻り、夜は昨日行った設楽でまた食事をしました。この日は、能登のレンコン揚げ、ホタルイカの刺身、ほかほか山のキノコ、おでんを頼みました。いやー今夜も美味しかった。マスターと握手して別れましたが、日本一周の旅に出たからこそ出会った金沢の居酒屋さんでした。

夏の白川郷は暑かった

昨日泊まったホテルの裏の方に武家屋敷の跡があると聞いたので、見て回りました。金沢という街は金沢城を始めとして、歴史がある街なのですね。

金沢を出発して、岐阜県の白川郷に向かいました。山間の道を通って、昼頃、白川郷に到着しました。9月中旬ですが青空で、山に囲まれた盆地のせいか、この日は暑かったです。昼ご飯を食べてから、白川郷のメインストリートを歩いていきました。途中に珍しく「きんつば」を売るお店があったので、ちょっと寄って店主の方に話を聞きました。白川郷というと、冬の屋根に雪が積もったイメージが強かったので「冬はどのくらい雪が積もるのですか」と聞くと「3mくらいです。冬は何も出来ません」と苦笑いしていました。それだけ雪が積もったら、観光客はどうやって白川郷にやって来るのでしょうかね。

そして、メインストリートから細い道に入って行き、まじかに茅葺きの家を見て回りました。道のそばにはコスモスの花が咲いていて、田んぼには刈り取りが近い穂を垂れた稲が広がっていて、茅葺きの家の景色を引き立てていました。家には人が住んでいる所と住んでいない所がありました。中に入ってみたかったのですが、人がいない所は、勝手に入る訳にもいかないので、結局中は見られませんでした。

ちょうど運よく、屋根の茅葺きの葺き替えをやっている家があったのでしばらく眺めていました。この葺き替えの値段がいくらかかるかご存じですか？　なんと2千万円近くかかるそうです。世界遺産を維持するにもお金がかかるのですね。村内を歩いた後、汗をかきながら小高い丘に登って村を見ましたが、冬になると辺り一面深い雪に覆われてしまうのだろうなと思いながら眺めていました。

その後、午後3時過ぎ、今夜泊まる富山市に向けて出発しました。

4話

善光寺参り

9月17日〜20日

信州そばは美味しかった

今日は富山市から、飛騨、高山を通って長野県松本市に向かいました。気温は32度と暑いです。ちょっと効率が悪い周り方なのですが、47都道府県を全部周りたかったので、こういうルートになったのです。途中は山や谷を越えて走りましたが、車や家も少なく、ただひたすら走るだけでした。こういう場合、何をすると思いますか？ ＲＡＶ４と会話するのです。「ラブちゃん、何か話してよ」私は耳を澄まします、ＲＡＶ４が今にも話し出しそうで……。

途中、飛騨市、高山市を通って、昼ご飯は高山市のスーパーで買った弁当を食べて、松本市に着いたのは午後4時頃でした。松本市に着いてすぐに松本城を見に行きましたが、午後4時半を過ぎていましたので、お城の天守閣には登れませんでした。松本城は全体的にやや黒く、周りにはお堀があって赤い橋が架かっていました。土曜日ということもあって、夕方にも関わらず大勢の人が見に来ていました。

お城を後にして、ホテルにチェックインをして食事に出かけました。松本に来たのだから信州そばを食べようと思い、ＪＲ松本駅近くの「樽木野《たるきの》」というそば屋さんに入りました。日本酒を飲みながら、天ぷらそばを食べましたが、信州そばは歯ごたえがあって、のど越しも良く美味しかったです。

松本城をスケッチした

翌日、午前中に再度、松本城に行ってお城をスケッチしました。日曜日で人が多く、それに気温が32度もあって随分と暑かったです。とてもスケッチできる環境ではなかったのですが、1時間頑張ってなんとかスケッチだけは済ませました。人が多い所でスケッチしましたが、誰も私の絵を見ようとはしませんでした。だれか見に来ると思っていたんですがね。まあ、絵の方は人に見せられるものではなかったですけれどね。

その後、松本市美術館に寄ってから、昼ご飯を食べて、長野市の善光寺に向かいましたが、山を越えて行く道でカーブが多かったです。夕方、善光寺の近くまで行きましたが、日曜日で車が多く渋滞していたので、行くのはあきらめてホテルに向かいました。

晩御飯を食べようと、ホテル近くの食事処を探しましたが、なかなかなくてやっと見つけた料理屋さんはお客さんが1人しかいなかったので、どんな料理がでてくるかと思いました。メニューを見て、鯖缶とキノコを炒めた料理とサーモンの刺身を注文しました。ビールを飲みながら食べましたが、美味しかったのでほっとしました。

初めてのお店は味が分かりませんから不安です。

善光寺は良い感じ

昨日は福岡に台風14号が上陸したというニュースが流れていました。長野は果物の種類が多いですね。昨日、シャインマスカットを買って食べましたが、美味しかったですよ。長野に2泊して、2日目の午前中に国宝の善光寺に行きました。今日は平日なので渋滞もなく、人も少なくてゆっくりとお寺を見ることが出来ました。参道の両側にお店が並んでいますが、人が少なく閑散としていました。平日と日曜日ではこんなに違うのですね。

まず、仁王門（登録有形文化財）があります。仁王門には右に吽形《うんぎょう》、左に阿形《あぎょう》という仁王像が安置されていましたが、迫力がありましたね。この仁王像の配置は通常とは逆になっているそうです。

次に、山門（重要文化財）があって、最後に本堂がありました。ここに善光寺の一光三尊阿弥陀如来と呼ばれる御本尊がありますが、絶対秘仏となっているので姿を見ることは出来ませんでした。本堂に入るとまず目につくのは「びんずる尊者」です。自分の体の悪い所と同じ箇所をなでることで、信者の身体を治すと言われていますので、そのため表面がつるつるでした。

「牛にひかれて善光寺参り」という言葉がありますね。信心のない老婆が、牛を追っかけて善光寺に行ったことがきっかけで、信仰深くなったというお話です。つまり、思わぬ他人の誘いで良い方向に向かうということです。それから、「一生に一度は善光寺参り」という言葉もあるようです。一生に一度お参りするだけで極楽往生が出来るということです。じゃあ、私も極楽へ行けるんだ！

家畜改良センターで山羊の勉強

善光寺を観た後、佐久市にある家畜改良センターを訪問しました。前もって、センターには山羊を見たいということで、係の人に予約をしていました。

今日は新潟県の上越市まで行く予定なので、長野市から佐久市を往復したら、結構時間がかかるので、今回だけは高速を利用しました。佐久市に着いてから昼ご飯を食べて、家畜改良センターに向かいました。家畜改良センターは独立行政法人の1つで、国の畜産の発展と国民の豊かな食生活に貢献することを使命としている機関です。この日伺った所の正式な名称は、「家畜改良センター茨城牧場長野市場」でした。

長野市場では家畜のエサとなる優良な飼料作物の生産・検定、飼養管理しやすい山羊の生産・利用促進、山羊に関する調査研究などに取り組んでいました。そのために約100頭の山羊を飼育していて、ミルクの量や質をより良くする研究をしていました。私の病院で時々、山羊を診察することがあるので、長野に来たら、ぜひ寄って山羊の勉強をしてみようと思っていたのです。宗像市周辺の地域では、昔は山羊乳を飲むために飼われていた山羊が結構多かったのですが、最近はペットとして飼っている方も増えています。そして山羊も病気や怪我、去勢、除角などいろいろとあるのです。

訪問したのは初めてでしたが、山羊の担当の方は私の質問に親切に対応してくれました。私も作業服と長靴とヘルメットを借りて、山羊が飼育されている現場を視察しました。広大な敷地の中で、青草が一杯生えている草地で山羊達が放牧されていました。草も一杯食べられるし、気持ちが良いでしょうね。センターでは山羊の繁殖を行いつつ、山羊の乳を搾って販売しています。

1時間ほど滞在した後、センターを出発して長野に再び戻り、新潟県上越市を目指しました。

5話 1泊5万円

9月21日〜22日

居酒屋で「新潟には何もない」

新潟で泊まった時に、ホテルに近い所にあった食事処に食事をしに行きました。

お客さんは1人もいませんでした。カウンターに座って料理を注文して、日本酒を飲みながら、中にいた大将と話をしました。「新潟で見る所はどこかありますか?」と私。

すると大将が「新潟には見るものは何もないですよ」と苦笑いしながら答えました。その時は、ふーん、そんなものかなと思いました。

翌日、新潟県内を走っていると、道路の両側に稲が植えられた田んぼが見渡す限りありました。大将、新潟には何もないって言ったけど、こんなにたくさんの稲を植えた田んぼがあるじゃないですか。そう、新潟県はお米の生産が日本一なのです。お米は日本人の主食ですから、お米がないと生きていけません。

ところで、新潟に来たのは2回目です。1回目は、大学時代に空手部に所属していまして、たしか2年生の時に、新潟で夏合宿をしたのです。あの時は練習場がすごく暑くて、汗だくになって練習したのを覚えています。新潟は北陸だから涼しいだろうと思っていましたが、新潟の夏は暑かったのです。

田島征三展　山羊の絵本

新潟市に泊まった前日に、市内の新津美術館という所で、田島征三の美術展が開催されているのを知りました。以前から、田島征三の絵本には興味を持っていたので、これはラッキーだ！と早速、午前中に美術館に行って美術展を見ました。「つかまえた」「とべバッタ」「しばてん」等々、どれも色鮮やかで、大胆な筆遣いで、生き生きとした命の躍動をテーマに描かれていました。

特に田島さんが一緒に暮らしていた山羊の「しずか」のことを書いた「やぎのしずか」シリーズの絵本は大好きでした。力強いタッチときれいな色で描かれた絵本は鮮やかで、山羊のことを良く分かった人が書いた絵本なので、一層印象的でした。以前、この山羊の本を小学校に寄付しましたが、この本を読んだ子供達はどういうふうに思ったでしょうか。山羊に限らず、動物たちに優しくすることは大切なのです。

特に牛、豚、鶏は、私たち人間のために、世界中で毎日屠殺《とさつ》されています。人間の食料として必要なことかもしれませんが、あまりにも多くの動物たちが殺されています。私も肉は食べます。しかし、そういう動物達がいることを知り、少しでも動物たちを思いやることが出来れば、食べものを無駄にせずに、食事をありがたく頂けるのではないでしょうか。子供達も優しい心を持った、思いやりがある人間に育ってくれると思っています。

瀬波温泉　露天風呂が最高！

新潟市から海沿いの道を北上していると、村上市に入った所に旅館があって、「日帰り温泉」という幟《のぼり》が出ていました。温泉です！　ちょっと寄ってみましょう。

フロントに行くと、入浴可能だと言われ案内してくれました。本館から階段を登っていくと、本館から離れた小高い所に浴場がありました。旅館の方が「露天風呂もありますよ」と教えてくれました。服を脱いで浴室に入るとお客さんが1人湯船に浸かっていました。私も湯船に浸かり、辺りを見回していると、その浴室からさらに上に行く階段がありました。その階段を登っていくと、浴室の屋根に出て、そこに小さな湯船がありました。露天風呂です。その湯船から見える景色は最高で、太陽の光の下、目の前に海が広がり、開放感100％でした。私は思いっきり手足を伸ばして、思わず「最高！」と叫んでいました。

ショウナイ・ホテル・スイデン・テラス

以前、テレビで水田の中に建っていて、1泊5万円するホテルを紹介していました。田んぼに浮かぶホテルという感じで、これを見て、日本一周するときはこのホテルに泊まろうと思っていたのです。鶴岡市に入って、ホテルに到着したのは夕方6時頃で、うっすらと暗くなった頃でした。

受付をして部屋のキーをもらって、1人で部屋に行きましたが、同じような部屋ばかりで迷路みたいになっていたので、ちょっと迷いました。部屋は2階建てになっていて、入った所がリビングで、階下にベッドとお風呂とトイレがありました。ベッドは広く、バスルームやトイレも清潔で綺麗でした。ただ1階と2階を行ったり来たりするのは、ちょっと不便でしたね。

夕食は、地元の料理を食べようと思っていたので、予約はしていませんでした。

ホテルの近くにはコンビニもお店もなかったので、車で繁華街の方に行って、ＪＲ鶴岡駅近くの食堂に入り中華そばを食べました。辺りはもう暗くなっていて、付近の様子は良く分かりませんでしたが、鶴岡市内の食堂で食事が出来たので良かったです。

翌日の朝食はホテルで食べましたが、なかなか美味しかったですよ。和食で野菜も多くバランスが取れた食事でした。２階の開け放たれた空間から、水田を眺めながら朝食を食べました。

水田の中に建っているホテル。私にとって、水田は子供の時から見てきた風景ですが、たまにはこういう、ゆったりとした時間を過ごすことは必要かもしれません。都会に住んでいる方には、水田は珍しく心が安らぐと思いますよ。

宿泊料の５万円は高いか、安いかと聞かれると、うーん、もうちょっと安くしてくださいと答えるかな。

6話 ハタハタときりたんぽ 9月23日

ハタハタは美味しい魚

スイデン・テラスに泊まった翌日、近くにあるクラゲだけの珍しい水族館、加茂水族館に行ってみました。昔、海で泳いでいる時にクラゲが近くに来ると、刺されないように逃げていましたけどね。なんとなく気持ちが悪い生き物と感じていましたが、ここで見た小さいクラゲの群れは綺麗で可愛い生き物でした。お昼頃、酒田市美術館に行き、中庭の景色を見ながら昼食を食べました。こういうゆったりとした時間っていいですね。その後、秋田に向けて出発しました。

秋田市の今夜泊まるホテルには夕方の6時頃着きました。ちょうど雨が降っていて、町に出て行くのも億劫だったので、ホテルの中にある「光琳」というレストランで食事をしました。秋田と言えばハタハタときりたんぽですね。それで、ハタハタは南蛮漬けにしたものときりたんぽ鍋を注文しました。私はハタハタでなくても、魚の南蛮漬けは好きなのです。

ハタハタは小さい魚ですが美味しかったですね。焼いても良いし、から揚げでも食べられるとのことでした。ただ、ハタハタは秋田だけじゃなく、金沢でも食べましたし、後に行く沖縄の石垣島でも食べることができましたので、意外とあちこちで食べられるのかもしれません。きりたんぽは香ばしく焼いたご飯と餅の中間のようなものです。それに汁がしみ込んで柔らかくなった所が美味しかったです。

7話 青森ええとこ

9月24日～26日

岩木山スカイラインで見つけたそば屋

朝、弘前のホテルを出発して、弘前城を見に行きました。弘前城は弘前公園の中にあり、国の重要文化財に指定されています。堀もなくお城も小さいですが、ちゃんと天守閣があり、お城の向こうに岩木山が見えてロケーションは良かったですね。その後、岩木山の近くに行くと、岩木山スカイラインという道路があったので、そこを走ることにしました。途中にリンゴの木があったり、まだ雪はないですがスキー場があって、そこで人々がキャンプをしたりしていました。

そうしているとお昼になったので、食事が出来る所を探していましたら、山の裾野の平坦な場所で、道路から少し入った所にそば屋さんがありました。普通の家にそばの幟と暖簾が出ているだけです。玄関を入ると、住宅の座敷みたいな畳の部屋のテーブルに3組のお客さんが座っていました。予約制かなと思って聞いてみると、違いますとのこと。私も空いているテーブルに座って天ぷらそばを注文しました。

しかし、それからが長かったのです。よその人も同じように待っていました。少しずつよその人のテーブルには運ばれていましたが、私の天ぷらそばはまだまだです。お店の人に聞いても、「もう少しお待ちくください」と答えるだけです。もう、帰ろうかなと思ったりしましたが、作っている様子なので待ってみました。そうしているうちになんと50分経ったころ、やっと私の天ぷらそばが運ばれて来ました。

見た目は、普通の天ぷらそばでしたが、食べてみたらそばの美味しいこと。ちゃんとコシがあって、のど越しも良く食べやすかったです。天ぷらも油が多くないのでさっぱりしてもたれることもありませんでした。50分待った甲斐がありましたが、それにしても長かったです。最初に待つ時間は50分ですと言われていたら、おそらく他に行っていたでしょうね。そば打ちからしていたのかな?

十和田湖は神秘の湖

岩木山から弘前市に戻って、102号線を通って十和田湖に向かいました。十和田湖は、今回の旅で見てみたい湖の1つでした。神秘的な感じがして、全国で3番目に深い湖だそうですね。ちなみに、一番深い湖はどこだと思いますか? それは田沢湖なのです。秋田県にあるのですが、今回の旅では田沢湖には行きませんでした。なかなか、日本一周の旅でも、すべてを見ることは出来ないですね。

結局、岩木山から3時間もかかって十和田湖の北西部に到着しました。十和田湖の周りは、木で覆われ、なかなか湖が見える開けた所がありませんでした。すれ違う車も少なく、人もいませんでした。しばらく湖に沿って南下して行き、やっと湖が見える開けた場所に出ました。

湖畔の小さな桟橋に立って湖を見渡しましたが、船も見えないし、人はそこで1人に会っただけでした。思ったより車や人が少なかったので、ちょっと寂しかったですね。遊覧船の船着き場とか、お店があったりするはずなのですが、そういう所はなかったのです。

ただ、私は十和田湖を一周した訳ではないので、そういう施設が他の場所にあったかもしれません。たぶん十和田湖の周囲の約3分の1くらいしか走ってないと思います。

調べてみると、十和田湖は火山の山頂部に水が貯まったカルデラ湖らしいですね。

その後、今来た道を戻って、今夜宿泊する青森に向かいましたが、私にとって十和田湖はひっそりとした静かな湖として心に残りました。

青森の海鮮丼は美味しかった

夕方、青森の新幹線の駅近くにあるホテルに着きました。夕食を食べに駅の構内に行って、どこか食事が出来る所はないだろうかと思って、探していましたら、「魚っ喰いの田」という居酒屋みたいな感じのお店がありました。

そこでは、何種類かの海鮮丼と日本酒があって、選べるようになっていました、それにみそ汁が付いて1350円でした。私はまぐろの海鮮丼と田酒を選びました。大間のマグロもありましたが、値段がちょっと高かったのです。後で考えたら、食べてみたら良かったなと思いました。もう食べる機会がないかもしれませんからね。ちなみに大間丼は2980円でした。この辺が貧乏性だから、ちょっと高いと手が出ないんだよなー。

日本酒を飲みながら、海鮮丼を食べましたが、美味しかったですよ。刺身が新鮮で、また日本酒と海鮮丼がよく合うのです。

ワラッセでねぶたを見た

青森でねぶた祭りを見たかったのですが、残念ながら8月に終わっていました。あの迫力があるねぶた祭りをこの目で見たかったのですけどね。しかし、ホテルの近くでねぶたを見られると聞いたので、行ってみることにしました。

ホテルから歩いて数分の所に、「ワラッセ」というねぶたの展示館がありました。行ってみると、お客さんも大勢来ていました。山車の上に乗せるねぶたがいくつか展示されていました。今年の祭り本番に出陣した大型ねぶただそうですが、良くできていましたね。どれも立体的で迫力がありました。製作期間が約3か月と聞きましたが、これを作るのは大変でしょう。このねぶたが山車に乗って、大勢の人が山車を引いて、周りで人が踊っているのは勇壮でしょうね。いつか、この目でねぶた祭りを見てみたいです。

8話

北海道へ

9月27日～29日

津軽海峡で思い出す「飢餓海峡」

津軽海峡を渡るのは、私が小学校5年生になった時に、父親の転勤で稚内に行ったとき以来ですから、実に60年振りでした。当時は青函連絡船だけでしたが、今は津軽海峡フェリーという会社もあるのです。結局、私は2つ会社があるのを知らずに、津軽海峡フェリーの船で津軽海峡を渡りました。

津軽海峡と聞いて思い浮かぶのは、水上勉が書いた「飢餓海峡」という小説です。映画化もされましたが、いつまでも私の心の中に残っています。

さて、本題に戻ります。フェリーの中ではリクライニングシートの部屋を購入し、そこで4時間ほど過ごして函館に到着しました。海も穏やかでしたが、揺れが全然なくて快適な船旅でした。昔は、大部屋で畳の上に寝転んで過ごしたのを覚えています。船も青函連絡船より、少し大きいような気がしました。

夜の函館山は人が多かった

函館市に着いた翌日、午前中に函館山に車で登りました。夜景を見る予定なのですが一度、午前中に見ておこうと思ったのです。展望台の駐車場は車は少なく、駐車場に車を駐めて、函館市が見渡せる場所に行きましたが人もまばらでした。函館市の人口は20万人余りで、北海道では3番目に多い街です。ちなみに1位は札幌市、2位は旭川市です。展望台から見ると函館市は変わった地形をしてますね。市の北西側と東南側が海に面していて、函館山が南西の方角に海に突き出ていました。やはり夜景を見に来ないといけませんね。

函館山の次に訪れたのは五稜郭です。今の五稜郭は、昔の奉行所が役所として残され、5000株の桜が植えられて、北海道でも有数の桜の名所となっています。実際、私が訪れた時も多くの松があってその外側に桜の木がたくさん茂り、その周りには川が流れていて、桜の時期は綺麗だろうなと思いました。役所を中心にして星型の公園になっているのですね。その後、五稜郭の近くで昼食を食べて散髪屋さんに行きました。初めてのお店で、髪型がおかしくならないかと不安でしたが、そんなにおかしくならずひと安心。

その後、市内に湯の川温泉があるというのを調べていたので、そこに行ってみました。ナビで近くまで来たのですが分からないので、コンビニで聞いてみると、「すぐ裏にありますよ」と言われたのです。

裏に周って探してみると、最初は分からなかったのですが、門柱に「K・K・R」と書かれた立派な建物がありました。入って受付で聞いてみると、やはり温泉で、入れるとのこと。しかも源泉らしいです。入ってみると泉質は無味無臭のさらっとした泉質で、他に誰もいなくてゆっくりと入れました。風呂から上がって聞いてみると、会社の保養施設みたいな所だと言われました。

なるほど、それじゃあ経営は気にしなくても良いわけですね。街中の住宅街のような所で、外から見ても温泉とは分からないですから。

夜7時頃、再び暗い中を函館山に向かいました。車を麓の駐車場に駐めると、タクシーの運転手さんがやって来て、「頂上は人が多いので、車も駐めにくいし、タクシーで行った方が良いですよ」と言われました。料金は往復で4000円ほど。バスで行っても2000円はかかると言われたのでタクシーで行くことにしました。頂上に着くとバスが何台か駐まっていて、バスに乗る人が大勢並んでいました。これはタクシーで来て正解だったと思いました。ただ、函館の夜景を見ようとしても人が多いので、昼間みたいにゆっくりとは見られませんでした。昼と夜とではこんなに違うのですね。夜景の方は函館独特の地形で綺麗でした。運転手さんも仕事で勧めてくれたのでしょうが、スムーズに帰れて助かりました。

森町駅前のイカ飯はうまい

函館のホテルを出発し、今日は洞爺湖まで行きます。まず、近くにあった大沼公園に行きました。ここは国定公園なのですね、知りませんでした。大沼湖、小沼湖、じゅんさい湖の3つの湖があり、駒ケ岳の裾野に広がる大沼湖には、大小の小島があってそこに橋がかけられていて、島めぐりの散策が楽しめます。

湖の向こうに駒ケ岳を見ながら回りましたが、結構広くて湖の中に小島がいくつも浮かんでいるのが印象的でした。駒ケ岳は、昔、噴火したことがありましたが、その時の影響なのか、頂上の片方がとんがっていましたね。

昼頃、森町駅前に着きました。お目当てはイカ飯です。「イカ飯」と書いた旗がある小さなお店に入りましたが、店内を見ても何を売っているかよく分かりませんでした。出てきたお店の人に「イカ飯をください」と言うと、お店の人が奥に入って取ってきました。2つ入っていましたが、小ぶりなので、昼ご飯にはちょっと足らないような感じでしたが、私は小食なので、まあいいかと思い、車を移動させて車の中で食べました。味は美味しかったですが、やっぱりちょっと物足りませんでした。

洞爺湖温泉はいい処

夕方、洞爺湖温泉に着きました。辺りはうす暗くなっていましたが、ホテルにチェックインしてから、洞爺湖をちょっと見に行きました。ホテルから歩いて行けたので便利でした。ホテルのロビーには3種類のお酒が置いてあって、試飲出来るようになっていましたが、珍しいですね。

翌朝は、歩いて洞爺湖を見に行きましたが、人は少なく天気は快晴だったので、ゆっくりと湖畔を歩いて見ていました。洞爺湖温泉は何かこう、ゆったりとしていて静かな所でしたね。しかし、こういう綺麗な湖を1人で見ているのは寂しいですよね。洞爺湖の湖畔は家族とか、恋人同士とかと一緒に訪れることをお勧めします。

9話 半島を攻める

9月30日～10月6日

襟裳岬に感動する

昨日は、日高町から新日高町まで、馬を育成している牧場をたくさん見てきました。

この辺りは、日本でも有数の馬の生産地なのですね。道路の両側に馬を放牧する草地が広がっていて、その中で育成馬が草を食《は》んでいる光景が数多く見られました。今日も午前中は、自宅のそばで育成馬を放牧している所で、馬を見せてもらったりして、まじかに育成馬を見てきました。小さな家族経営の牧場から、大きな会社経営の牧場までいろいろありました。

その後、新日高町から襟裳岬を目指して出発しました。距離にして１００ｋｍ、所要時間は２時間くらいかな。途中は車も、人通りも少なかったですね。昼頃、途中にあった浦河町に着いたので、ここで昼食を食べました。そして、ひと休みして午後２時頃に浦河町を出発しました。半島に近づくに連れて車や人通りは益々少なくなりました。右手はずっと海でした。こういうただひたすら走るだけの時は、ＲＡＶ４に話しかけたり、ＣＤを聴いたりしました。ＲＡＶ４に話しかけても返事はないのですが、いつかしゃべってくれるだろうと思って。実際何回も話しかけていると、話し出すような気がしてくるのです。

午後４時頃、襟裳町に着きました。小さな町でしたが、やっと人がいる所に来ました。町中を過ぎると、また人通りが途絶えました。それから走ること20分余り、向こうに海と家並みが見える所の道路のそばに鹿が2～3頭佇んでいました。私を迎えに来てくれたのかな。天気は晴れていました。そしてその先に進んでやっと襟裳岬に着いたのです。

そこはまさに半島という感じでした。展望台には「襟裳岬」という看板が立っていて、1軒のお土産屋さんがありました。風が強く人は2～3人くらいしかいません。展望台から、岬の突端が下の方に伸びていましたので、歩いて突端まで行きました。突端から先には小さな岩がいくつか途切れるようにあって、あーついに襟裳岬まで来たんだと実感しましたね。その後、今夜泊まる「えりも観光館」という旅館に行って泊まりましたが、夕食は豪華でしたよ。小食の私は食べきれませんでしたけどね。ちなみに1泊2食付きで1万6００円でした。

国境を意識する納沙布岬

根室のホテルに着いたのは夕方で、辺りはもう暗くなっていました。

根室半島は東に70ｋｍ、東西に細長く太平洋に突き出ています。そして、根室市は日本の中で一番北方領土に近い都市で、ちょうど根室半島の中間辺りにあります。

翌朝、ホテルを出発し納沙布岬を目指しました。襟裳岬に行ったときは人がいなくて寂しかったのですが、根室市郊外は意外と寂しくなかったですね。それは酪農の牧場が多かったからです。牛舎があって、乳牛が放牧されていて、草地には刈り取った草をラッピングしたロールが積まれていました。こんな市街地から離れた遠い所でも、集乳に来るのですね。

根室市から1時間足らずで納沙布岬に到着しました。天気は良かったのですが風が強くて、観光客は2~3人でした。「返せ北方領土　納沙布岬」と書いた碑があり、その左手の方には四島のかけはしというドーナツの半分の形をした、祈りを捧げる点火台がありました。そして、沖の方にはロシアの領土である国後島が見えました。

初めて国後島を見ましたが、こんなに日本に近くにある島がロシア領なんて信じられますか？普段はこういう国境を意識することはありませんが、ここ納沙布岬では常に、以前は日本の領土であった国後島が見えるのです。

今晩は久しぶりに人と会います。阿部先生といって別海町周辺で乳牛の診療をされている獣医師です。根室市に戻ってから、内陸部に入って行き、酪農の町・別海町を訪れました。別海町は牛乳の生産量が日本一の街なのです。道路の両側にはずっと酪農場の草地が広がり、ロールが積んであったり、牛が放牧されていたりして、人よりも牛の数が多い町だなあと実感しました。

その後、摩周湖を見て、阿部先生から勧められた川湯温泉に入りに行きました。ここは石灰の源泉でお湯は白く濁っていました。ただ、石灰が強すぎて、お湯が目に入ると目が痛くなりました。そしてその夜、阿部先生とお酒を飲みながら話をしましたが、冬の雪が積もっている時の往診の様子や鹿と遭遇した時の話など面白かったです。人恋しくなっていたのでだいぶ癒されました。ありがとうございました。

知床岬には行けない

納沙布岬に行った翌日は、知床岬まで行きます。中標津町のホテルを出発し知床半島を目指しました。気温13度。右手の根室海峡の向こうには国後島が見えています。この辺りが一番、国後島に近い気がしましたが、距離にして25ｋｍだそうです。島の崖とかがはっきりと見えました。ロシアには日本の領土であった北方四島は返して欲しいですね。

お昼頃、羅臼町のお土産屋さんがあるバスターミナルに到着しました。羅臼町はちょうど知床半島の中間にある町です。駐車場にはバスが何台か停車していて、お店の周りには学生たちが大勢いました。修学旅行でしょうね。私はお店の中に入って食事が出来る所を探したのですが、学生が多くて食べられなかったので、バスターミナルから離れた町中の食堂に行って昼ご飯を食べました。

その後、羅臼町から知床岬を目指して車を走らせました。岬に近づくに連れて車も人通りも少なくなりました。しかも、修学旅行のバスが来ないのです。なぜだろう。知床岬を見ないのかな？おかしいなと思いながら走っていたら、道路が狭くなって行き止まりになっている場所に着きました。ここで行き止まりか。車を降りてみると小さな漁港になっていて船が何隻か繋がれていました。

小屋みたいな建物があって、そこに「日本最北東突端地」と書かれた碑が立っていました。それ以外はどこにも知床岬とか知床半島とか記されている物はありません。

車道も歩道もなく、これ以上は先に行けません。それに、この場所は狭くて車を駐められる駐車場もありませんでした。だから、修学旅行のバスは来なかったのですね。私は昨日行った納沙布岬のようなイメージを持っていたのですが、全然違いました。

知床岬の突端には行けないのです。歌にも、「知床の岬に、はまなすの花が……」とあったので、知床岬が見られるようになっていると思っていたのですが、何か中途半端な気持ちでした。

それから、一旦、羅臼町に戻って今度はオホーツク海側に出て網走市を目指しました。

10話 日本最北端の地

10月7日～8日

網走刑務所は二度目?

朝、網走市のホテルを出発し、網走市内の観光をしてから、今日の目的地である稚内に向かいました。まずは網走刑務所に行きました。ここに来るのは二度目なのです。といってももちろん刑務所に入っていたわけではありません。大学時代に旅行で北海道に来た時、仲間達と来たことがあるのです。当時は高倉健の「網走番外地」という映画が放映されていた頃で、みんなで粋がった格好をして刑務所の門の前で写真を撮った覚えがあります。

しかし今日、刑務所の近くまで行ってみると、観光車両通行止めの看板が出ていました。それで、近くに車を駐められるような場所もなかったので、門まで行かずに次に行きました。後で考えたらどこかに車を駐めて、せめて門だけは見ておけば良かったかなと思いました。

次に行ったのは、「オホーツク流氷館」です。流氷の様子やクリオネも見ることが出来ました。その後は網走湖、能取湖、サロマ湖と3つの湖を見ながらオホーツク海沿岸を北上して行きました。この3つの湖周辺は、網走国定公園に指定されていて緑が多い景色が見られました。網走と聞いたら、すぐに思い浮かぶのは網走刑務所でしたが、こういう自然が豊かな街であるということが分かりました。

枝幸町の歌登温泉はいい湯だな

網走を後にして、オホーツク海沿岸を北上して行きました。紋別町、興部《おこっぺ》町、雄武《おうむ》町など北海道独特の珍しい名前の町があります。中でも興部町で食べたアイスクリームは美味しかったですね。濃厚で、普段食べるアイスクリームと全然違うんですよ。牛乳が濃いんですね。

そして枝幸町に着きましたが、前日、ネットで調べたら枝幸町にはホテルがなかったのです。それで、枝幸町から内陸部に20分余り走った所にある「歌登グリーンパークホテル」に泊まることにしました。ホテルで夕食も食べることにしていましたので、先にお風呂に入りました。温泉とは聞いていましたが、お湯の色は茶色で、お湯に浸かってみると、なんとぬるぬるするのです。お湯の色が茶色というのは珍しいですよね。そのうち、肌がつるつるしてきて、体が温まってほんとに良い温泉でした。思いもかけず良い温泉に巡り合えて嬉しかったなあ。お風呂上がりのビールも美味しかったです。

アピールは大事ですね

翌日、小雨の中を稚内に向かって出発しました。途中、浜頓別町でクッチャロ湖に寄りました。この湖は、日本とロシアを渡る水鳥たちの重要な中継地で、渡りの季節には、数千羽の白鳥と数万羽のカモが観察出来て、冬にはワシなども見られるらしいですね。残念ながら、私が行った時は鳥は1羽もいませんでした。

それと、この日は、日本一周の旅を面白くする画期的な出来事がありました。車を走らせていると、1台のバイクが私の車を追い越して行きました。そのバイクの荷台には箱があって、その箱に、「日本一周中」と書いてあったのです。

「あーっ、これだ！」私も車に日本一周と書かないといけない！　と思いました。そこで稚内に着いた翌日、ホームセンターに行って画用紙とマジックを購入して、「日本一周の旅」と書いた画用紙をステッカーのようにして車の前と後ろの窓に貼り付けました。出発前には、車体の横などに「日本一周」と書くことも考えてはいたのですが、結局何もせずに出発してしまいました。やはり、アピールすることは大事です。

すると、この日本一周のステッカーを貼ってからは、周りの反応が全然違ってきました。

例えばバックミラーで見ていると、後ろの車を運転している人が、スマホで写真を撮ったり、手を叩いたりするようになりました。それから、駐車していると声を掛けられることが多くなりましたね。出発の時にしとけば良かったなあと思いましたが、これも経験です。

日本最北端　宗谷岬

お昼頃、宗谷岬に到着しました。ちょっと感動しましたね。それは、宗谷岬に感動したのではなくて、福岡から日本の最北の地に来たんだという、達成感のようなものだったと思います。1人で車を運転して、事故もなく、ここまで来ることが出来たんだ、と。

結構、人もいて、私が1人だったので写真を撮ってくれた方もいました。天気も良く、沖の方には樺太が見えていました。ちょうど向かいにラーメン屋さんがあったので、昼食はラーメンを食べました。そして、稚内に向かったのです。

60年振りの稚内

午後3時頃、懐かしい稚内市に着きました。稚内には父親の転勤で、山口県の仙崎から来て、小学校5年から中学1年まで住んでいたのです。昔、稚内に初めて来た時、3月か4月頃だったと思いますが、まだ雪が結構積もっていて、着いたその日に、スキーを買ってもらって滑ったのを覚えています。

北海道での生活は、いま考えると良く遊んだなという感じですね。1年の半分は雪が積もっていますから、学校に行くときもスキーを履いていきました。そして、冬の体育の授業は近くのスキー場に歩いて登りスキーをしました。学校から帰ると、すぐにスキーを担いで、スキー場に歩いて登っていきました。そして、頂上からの直滑降を繰り返すのです。帰りはスキーを履いたまま、公園の道を滑って降りてきて家に帰りました。とにかくスキーは面白くて、冬はスキーばかりしていましたね。

そして、雪が降っていない時期は学校のグラウンドで、学校が終わった後、野球をしていました。毎日、日が暮れるまで監督が打つ球を追いかけていました。

稚内の市内に入って、最初に向かったのは昔通っていた小学校でした。名前は忘れていましたが、場所はだいたい覚えていましたし、小学校に行く道は一本道でした。市内を北上して、その一本道を走っていると、左側に小学校が見えてきました。校門のそばに車を停めて校内を見ると、昔、ボールを追いかけたグラウンドがありました。「ここだ」校舎はあたらしく建て替えられていましたが、昔のままの形でした。懐かしいなあ。ここにまた来られるとは思ってもいませんでした。あれから、60年も経ったのか。思わず、涙がこぼれそうになりました。

その後、昔住んでいた官舎を見に行きましたが、官舎の建物はなくなっていました。

それでもこの辺に住んでいたとか、近くに海があったなとか、そういうのは覚えていましたね。思い出に浸った日の夜、ご飯を食べにホテルの近くで食堂を探しましたが、土曜日のせいか、どこも満員で入れませんでした。あちこち歩き回ってみましたが、やはり食事が出来る所がありません。お腹は空くし、困ったなーと思って、ドラッグストアに寄ってみたら、みすぼらしい弁当が1つだけ売れ残っていました。あったー、私は必死でその弁当を掴んで、ホテルに帰って食べましたが、ほんと泣きそうでしたよ。

11話 道央の街 10月10日～12日

旭川のジンギスカン

今までは北海道の東側を北上してきましたが、これからは道央を南下して行きます。稚内を後にして旭川を目指しました。もちろん、「日本一周の旅」というステッカーを貼っていますよ。道央の町、名寄市、士別市、剣淵《けんぶち》町、和寒《わっさむ》町と北海道らしい町名が続きます。お昼頃、旭川市に着きましたので、昼ご飯を食べてから旭川市内を観光しました。まず道立旭川美術館に行き、葛飾北斎展を見ました。それから三浦綾子記念館に行きました。それぞれの街でいろんな催し物や地方独特の記念館がありますね。

晩御飯は、旭川はジンギスカンが美味しい所と聞いたので、早速、ジンギスカンを食べに行きました。行ったのは「大雪地ビール館」。ここではお店の方が焼いてくれたジンギスカンを食べました。昔、大学生の時に北海道を旅行したのですが、その時食べたジンギスカンは美味しかったですね。たしか七輪の上に網を敷いて、そこで肉や野菜を焼いて食べました。やはり、目の前で焼きながら食べた方が美味しいのですかね。

旭山動物園の独特な展示法

旭川といえば、旭山動物園が有名ですね。それで旭川に泊まった翌日、動物園を見に行きました。着いたら平日にも関わらず、入場券売り場の前には行列が出来ていました。

園内に入ってから、私は道なりに歩いて見て周りました。ただ、後から知ったのですが、旭山動物園には他の動物園にはない、動物を観察する仕組みがあったんですね。私はそれを体験しなかったものですから、もったいないことをしました。

まずペンギン館では、館内に入ると、360度見渡せる水中トンネルがあり、ペンギンが飛んでいるように泳ぐ姿を観察できます。ここは見ました。ほっきょくぐま館では、放餌場で、陸上でのホッキョクグマを観察できるようになっていて、ここに「シールズアイ（カプセル）」があって、アザラシの視点からホッキョクグマを観察出来るようになっているのです。ここは残念ながら、ホッキョクグマは見たんですが、カプセルには気が付きませんでした。残念。次はあざらし館ですが、館内には、アザラシの特徴的な泳ぎを観察できる「マリンウェイ（円柱水槽）」や大水槽があったようですが、残念ながらここも見ませんでした。

こういう動物園は前もって、どういう展示があるか調べておくべきでしたね。今回の旅では、今日のようなことやあそこも行った方が良かったとか、後で思うことが多々ありました。でも、それは仕方がないことです。すべて見て周ることは出来ませんからね。

富良野は風光明媚なところ

午前中に旭山動物園を見てから、富良野へ移動しました。まあ、行くところ、初めての所ばかりですから驚きや感動がありますね。富良野もそんな所でした。天気も良くて、周りを山々に囲まれた盆地でした。稲刈りが終わった広い田んぼや野菜を植える土地などがあちこちにあって、農業を営んでいる方が多い街だと感じました。

ちょうどお昼になったのでどこかで食事をしようと思い、食堂を探しましたが、いい所がありません。それでJR富良野駅前に車を駐めて、駅前の電気屋さんに入って「どこかに美味しい所ありませんか」と聞くと、「すぐそこに『くまげら』という店があるよ」と教えてくれました。それで行ってみるとお客さんも多かったですね。メニューを見たら、カレーライスが美味しそうだったので注文しました。ところが、運ばれてきたカレーライスは予想外に、見た目も綺麗で美味しかったんですね。普通のカレーライスとはちょっと違っていて、卵焼きがあって、その上に煮た野菜が並んで置いてあって、カレーがあるというものです。カレーライスは好きなんですが、富良野でこういう美味しいカレーライスが食べられるなんて嬉しかったです。電気屋のおじさん、ありがとう。

その後、ファーム富田という、花を一杯植えている農場を見学しました。ここは入場料は無料で、場内にはたくさんの色とりどりの花が植えられていました。そして大勢の農場の人がいて、花や土の管理をしていました。赤、黄、白、紫と色んな色の花が整然と並んで植えられています。そして、その向こうに見える雲と山々がまた似合っていい景色でした。場内にはレストランやお土産屋さんもあって、多くの人が来場されていました。ラベンダーの季節はまた一段と綺麗らしいですね。

夕張メロンを食べられる？

富良野を後にして、今夜泊まる夕張を目指し、夕方、夕張市に着きました。その日はビジネスホテル「YUUBARI」に泊まりましたが、看板の文字が何か所かなくなって夕張と読めなくなっていました。1泊2食付きです。部屋は2階で畳の部屋です。冷蔵庫は廊下にあって共同、トイレとシャワーは部屋の中にありました。

晩御飯は1階の食堂で食べましたが、宿泊客は私を入れて3人でした。食事の後、御主人と話しましたが、気さくな方で2~3年後には、財政破綻から復活が出来るんじゃないかと言われていましたよ。

翌日、朝食を食べて夕張にある、映画「幸せの黄色いハンカチ」のロケ地を見に行きました。高倉健と倍賞千恵子が主演した映画ですね。長屋みたいな建物があって、その先に洗濯物を干すロープが張ってあり、それに黄色のハンカチがたくさん風になびいていました。

私も黄色にあやかって、黄色の帽子を被って訪問したんですよ。長屋の中に入ると、黄色い紙が部屋一杯に貼られていて、思い出広場となっていました。訪れていた人は、私を入れて2~3人でした。

その後、道の駅「メロード」に寄って、メロンを食べようと思ったのですが、収穫は9月で終わっていました。残念！　楽しみにしていたのに。代わりにメロンゼリーを買って子供達に送りました。その後、千歳市に行き昼食にラーメンを食べて、支笏湖を見に行きました。そして、今夜泊まる札幌に向かって車を走らせ、夕方、札幌のホテルに着いたのです。

12話

札幌の街

10月12日〜13日

かに将軍とジンギスカン

札幌で泊まるホテルが「すすきの」の、すぐ近くにあったので驚きました。車がたくさん走っていて人通りも多く、夜の「すすきの」はネオンが一杯輝いていました。車はホテルの駐車場に駐めましたが、立体駐車場なので、こんな繁華街でも場所を取らないで出来るのですね。ホテルでひと休みして、さあ、食事に行きますか。

「すすきの」と言ったら歓楽街を想像するかと思いますが、1人で飲みに行ってもつまらないと思い、夕食はホテルの前にある「かに将軍」でカニを食べることにしました。北海道ですから、美味しいカニがいっぱい食べられると思ったのです。

お店に入って食堂のテーブルに案内されましたが、お客さんも多く賑やかでした。私はビールを含めて5000円余りのカニを注文しましたが、運ばれてきたカニは思ったよりも少なくて、少し物足りなく感じました。昔、大学生の時に北海道旅行に行った時は釧路だったかな？　カニを買ってきてみんなで宿で食べたカニは美味しかったけどなー。

札幌には2泊しましたので、次の日の夜はジンギスカンを食べに行きました。どうしても北海道だからという気持ちがあって、北海道じゃないと食べられないものを食べたくなるのです。旭川でも食べましたが、また食べたくなっていました。

札幌では「北海道ビール園」に行きました。ここのジンギスカンは、テーブルにコンロがあって、自分でお肉や野菜を焼くタイプでしたので、私もここなら美味しいジンギスカンが食べられると思ったのです。肉はちょっと少なかったですけどね。で、焼いて食べたのですが、やはり少し物足りなかったですね。

札幌でインフルエンザの予防接種

札幌に着いた翌日、朝から札幌の観光に出かけました。この日は天気も良かったです。ホテルから歩いて行ける所に行こうと思って、まず行ったのは大通公園でした。大通公園の冬の雪まつりは有名ですよね。それから、YOSAKOIソーラン祭り、その他にも四季折々の植物やイベントで観光客や市民に親しまれている所です。私が行った時も、公園で子供たちが芝生の上で遊んでいました。

次に行ったのは札幌時計台ですが、思ったより小さくて大勢の人が入るには狭いと感じました。次に、北海道庁を見に行きましたが、ちょうど改築中で中には入れませんでした。お昼近くになり、ホテルに帰ろうと歩いていたら、小さな親子丼専門のお店があったので入ってみました。中は狭く、カウンター席のみで、大人が5人くらいしか座れない広さでした。カウンターの中に女性がいて、お客は私を入れて3人。でも、出てきた親子丼は美味しかったですよ。値段はみそ汁付きで700円でした。

午後は定山渓温泉に行きました。稚内小学校にいた頃、修学旅行でここに来たことを思い出しました。あの頃はお風呂の中でお湯を掛け合ったりして騒いでいたなあ。温泉は「旅籠屋　定山渓商店」という名前の旅館に入りました。温泉は源泉で、無色透明なお湯でした。

その後、市内にある藻岩山のロープウェイに午後4時過ぎ頃に乗って、頂上に上がりました。藻岩山は札幌市のほぼ中心部に位置し、標高は531mで札幌の街を、ほぼ360度見渡すことが出来るようです。そして、私は知らなかったのですが、ここから見える札幌市の夜景が「日本新三大夜景」に選ばれ、第1位は北九州市、第2位は札幌市、第3位は長崎市となっていたのです。なのに、私は夜景を見ずに帰ってしまったのです。知らなかったとはいえ惜しいことをしました。今回の旅では、こういうことが多々ありましたね。

札幌で2日目の朝、インフルエンザのワクチン接種を受けに、ホテルに近い所にあったクリニックに行きました。毎年、10月にインフルエンザのワクチン接種をしています。そこはビルの2階にあり、上品な感じで、いかにも都会にあるクリニックという感じでした。

住んでみたい街

ところで、今回の旅を終えて「どこの街が良かった?」と聞かれるようになりました。

日本一周をして各地を見てまわったのですから、そんな質問が浮かぶのでしょう。そう聞かれるたびに、うーんと考えこんでいました。なぜなら、どこもいいところがたくさんあったので、「ここがすごく良かった!」とすぐには答えられないからです。

それでも、「住みたい街」を強いて挙げるならこんな感じでしょうか。

北海道の余市町

余市町は小樽から西へ車で30分の所にある人口2万人の小さな町です。今回の旅では、余市港とその近くのお店で売っていた魚介類を見た後、小さなお店で美味しい海鮮丼を頂きました。その後、ニッカウヰスキーの創業者である竹鶴さんが最初に作った工場を見学して、余市を後にしました。

余市には2時間くらいしか滞在出来ませんでした。海鮮丼は食べましたが、調べてみると、美味しいお寿司や魚や貝がたくさんあったので、1泊くらいして魚料理を食べて見たら良かったなーと思いました。漁業の他にもリンゴ、ブドウ、梨などの生産量は全道一だそうです。そういえば道端でリンゴ農園をよく見ましたね。

それから余市町は北海道の中でも温暖な気候らしいです。なので、短い滞在時間でしたが北海道で住むなら余市が良さそうだと思ったのです。

鳥取県の松江市

松江市には、宍道湖という大きな湖があります。湖のほとりで見る夕日は実に綺麗でした。その夕日を見るために市民が集まるのも良かったですね。そして、宍道湖から大橋川が中海に通じています。その大橋川には遊覧船が浮かび、船から街を眺めることが出来ます。川の両側にはお店があって風情がありました。市内には松江城もあり、当時の掘割や街並みを残す城下町となっています。ホテルの方は親切に対応してくれましたし、人の温かさを感じました。

鹿児島県指宿市

薩摩半島の最南端に位置する街です。今回の旅では、指宿で砂蒸し風呂に入りましたが、そこは屋内で海岸の砂ではありませんでした。もう一度、海岸の砂蒸し風呂を体験したいですね。それと、魅力的なのは、市内に湧き出る泉源は1000か所以上で、まち湯や家庭でも贅沢に温泉を味わえるそうです。一番良いのは、年間平均気温が約18度と高く、温暖で亜熱帯の気候であることです。

私は寒いのが苦手で、特に最近はその傾向が増してきています。指宿には短い滞在でしたので、今度はゆっくりと滞在して、あちこち見て周りたいと考えています。

沖縄県糸満市

私としては、沖縄の糸満市は、この旅で2か月余り滞在した街で、心に残る街になりましたね。12月の中旬から2月末まで滞在しました。糸満市は那覇空港に車で25分の所にあって近いのも便利です。それに、ひめゆりの塔や平和記念公園にも近く、もう少し足を伸ばせば、眺めが良い知念岬や斎場御嶽《せーふぁーうたき》などもあります。

私は最近、特に痩せてから、寒さが体に堪えるようになったのです。その点、沖縄は冬でもいつも20度くらいありましたからずっと暖かかったです。どうかしたら、25度くらいの夏日もあって、そんな時は半袖でも大丈夫でした。第一、ズボン下を履く必要がないので、冬でもすっきりしていられます。

ほんと楽でした。冬だけでも毎年、沖縄に避寒に行ければ良いですけどね。

13
話

入ろうか入らないか迷ったお店

10月14日～16日

誰もいないホテル

その後、札幌のホテルを出発し、小樽に向かいました。2時間ほどで小樽には昼頃到着し、昼食は運河近くのそば屋さんで天ぷらそばを食べました。小樽といえば運河が有名ですからね。まず運河を見に行きました。運河といっても、そんなに大きな川ではないですが、幅がたぶん10mくらいでしょうか。その運河に沿って倉庫みたいな建物が並んでいます。その倉庫の壁には草が茂っていたり、川面には倉庫の姿が映っていたりして風情がありましたね。また、四季それぞれに運河の様子が変わるので、それも見どころになっているようです。運河には船が浮かび、観光客が乗って楽しんでいましたし、運河の周りやお土産屋さんも人が大勢いました。

その後、今夜泊まるホテルに行きましたが、なんと「無人のホテル」だったのです。ネットで予約したのですが、その時には人がいないなんて分からなかったのです。フロントもなく、ただ受付をする機械が置いてあるだけです。一応、電話をして、受付の方法を確認して、チェックインは無事完了しましたが、なんか味気ないですよね。今回の旅では、人と話す機会がほとんどないので、ホテルでチェックインする時にフロントで係の方としゃべるのが唯一の話せる時間なのです。チェックインを済ませて、今度は車を駐車場に駐めないといけないのですが、ホテルには駐車場がなく、ちょっと離れた所にある有料駐車場に駐めないといけませんでした。

小樽の握り寿司

小樽のホテルでは、車を駐車場に駐めて、必要な物をスーツケースに入れて、ホテルまでゴロゴロと引いて来なければなりませんでした。その駐車場の向かいに不動産屋さんがあって、覗いたら人がいましたので入って声を掛けました。

「すみません、この辺で美味しいお寿司が食べられる所をご存じですか？」小樽といえばお寿司が美味しいと聞いていたものですから尋ねてみたのです。社長さんらしき年配の人が対応してくれましたが、その方は話し好きなようで、私が日本一周中ですと言ったら、話が盛り上がってしばらく話していました。

夕方、辺りはもう暗くなっていましたが、私は社長さんに教えられた寿司屋さんを探して歩いて行きました。辺りには寿司屋さんが数軒集まっていました。教えられたお寿司屋さんは「日本橋」というお店で、そこに入りました。

初めてのお店は緊張しますが、ここは社長さんが教えてくれたお店なので、まあ、比較的安心することができました。カウンターに座って、食べたいお寿司を握ってもらいました。ここでも貧乏性が出てしまい、高いネタの寿司は注文せず、リーズナブルなネタを握ってもらいましたが、ネタも新鮮で美味しかったです。料金は２７５０円でした。お手ごろでしょ？

余市で食べた海鮮丼は美味しかった

小樽に泊まった翌日、不動産屋の社長さんに、昨日のお礼をして出発しました。

先に小樽港に寄ってから余市を目指しました。海沿いの道を走って、昼頃、余市町に着きました。まず港を見ようと思い、車を走らせて港に着いて、近くの道端で売っている海産物を見学しました。余市産の蛤に似た大きい貝は北寄貝《ホッキガイ》といいますが、残念ながら、食べるチャンスはありませんでした。蛤に似ているので、美味しいのではないかと思いますけどね。

港の近くで昼ご飯を食べようと思い、車を走らせていると、2軒並んで、食事処がありました。1軒は何のお店だったか忘れましたが、満員で入れませんでした。もう1軒は、普通の家を玄関だけ手直ししたような造りで、周りには車は1台も駐まっていなくて「ぼうまるや」と書いた小さな黒板が玄関の横の地べたに置かれていました。海鮮丼と書いています。どうしようかな？ お客さんはいないみたいだし、だけど他に食べる所はなかったので思い切って入りました。

中にはお客さんは誰もいません。お母さんと娘さんが出てきました。「うちはセルフなんですよ、冷蔵庫から好きなネタを選んでください。ご飯はお替り自由です」と言われました。そこで貝柱、まぐろ、タコの3種類を選んで、すし飯のご飯に乗せて食べたのですが、これが最高に美味しかったのです！ ネタがとにかく新鮮でした。聞くとご主人が漁師なので新鮮な物を出せるのですと言っていました。ご飯も美味しいし、ここは誰も知らないのだろうな。なんかもっと宣伝して、お客さんが増えたらいいのにと思いました。玄関を改造して、テーブルを並べた狭い食堂でしたが、ずっと続けてもらいたいですね。

帰る時に、もうちょっとお客さんに、海鮮丼が食べられるというのが分かるようにしたらどうですかと親子の方に話をしました。どうしても普通の家にしか見えないのです。親子の方も感じが良い人たちで、後ろ髪を引かれるような気持ちで、「ぼうまるや」を後にしました。また来たいなあ。それまでお客さんが少し増えてお店を続けられたら良いですけどね。皆さん、北海道に行ったら、ぜひ余市の「ぼうまるや」に行ってみてください。

さよなら北海道

余市を後にして、左に羊蹄山を見ながら函館に向かいました。途中の長万部の「長万部温泉ホテル」で1泊しました。名前はホテルになっていましたが、見た目も造りも旅館でした。部屋は2階なので、スーツケースを抱えて階段を上がりました。

部屋は畳でトイレもお風呂も共同でした。お風呂は源泉みたいで結構良かったですよ。近所の方も入りに来ていましたね。夕食は豪華だったです。今まで泊まった旅館で一番御馳走だったのではないかな。カニ、アワビ、和牛のしゃぶしゃぶ、カレイの煮つけ、刺身、貝、天ぷら、にしんの干物など、食べきれませんでしたが、カニとアワビはしっかり食べました。ちなみに1泊2食付きで9000円でしたが豪華な食事が食べられて安いですよね。

翌日、函館に向かって長万部温泉を出発しました。来た時と同じルートで函館に向かいました。大沼公園から森町へ。森町で今回は、イカ飯をコンビニで買って食べてみました。コンビニの方が少し大きいのですが、味は森町駅前のお店の方が美味しかったですね。

コンビニを出た所で男の人が話しかけてきました。私の車の日本一周というステッカーを見たそうです。その方も、日本一周まではいかないですが、旅をしているということでした。イカ飯の話になり、その方も、コンビニより森町駅前のお店の方が美味しいと言ったので、良く知ってるなあと驚きました。たった今、私が経験したことを知っていたからです。その日の夜は、前回、函館に来た時に泊まったホテルに泊まりました。

次の日、津軽海峡フェリーで青森に渡りましたが、北海道には約3週間滞在したことになります。これで、北海道とお別れだと思うとちょっと寂しくなりました。昼前に青森に到着したので、前回泊まったホテルの駐車場に車を駐めて、新幹線青森駅の中にある「魚喰いの田」で海鮮丼を食べました。これで、青森の海鮮丼とはお別れです。

沖縄の人に声を掛けられた

青森のホテルの駐車場で、サングラスをかけた男性に声をかけられました。「お兄ちゃん、日本一周してるんや。これからどこにいくの?」

色が黒くてちょっと怖い感じの人でした。私が「北海道を一周してきたところで、これから、本州の太平洋側を南下していきます」と言うと「私は沖縄から来たさー。妻と2人で車で」と奥さんも一緒でした。

「沖縄にもいきますよ」と言うと「沖縄に来たら、連絡したらいいさ」と名刺を渡してくれました。やっぱり、日本一周のステッカーは必要だったのだ。そのときはご夫妻とホテルの駐車場で別れましたが、実はその後、沖縄に行った時に、お世話になることになるのです。そして、今でもお付き合いが続いています。人との出会いは大切にしたいですね。

14話

日本一のラーメン

10月17日〜21日

山奥の「みちのく深沢温泉」

青森から南下して八甲田山の近くの山の中を八戸市を目指して走りました。山の中はちょうど紅葉が始まった頃で、行きかう車は少なかったです。こういう時はＲＡＶ４と話します。話すと言っても、私が一方的にしゃべるのですが、そのうち返事をしてくれるかもしれないと思って期待しているのです。

その紅葉が始まった木々に覆われた山道に「みちのく深沢温泉」という看板がありました。「お、こんな山奥に温泉が！」ちょっとどんな所か見てみようと思い、細い道へ入って行きました。着いた所には工事現場に建っているようなプレハブの建物があって、車が1台停まっていました。「こんな所に温泉があるの？」と思いながら戸を開けて中に入りました。

下は土間で、工事現場の事務所みたいな感じです。まだどこに温泉があるのか分からない状態で、奥に主人がいたので尋ねると、やはり温泉でしかも源泉だそうです。入浴料を払って奥に歩いていくと渡り廊下があり、そこの奥に脱衣所がありました。浴室に入るとお客さんが1人湯船に浸かっていました。お湯は透明、無味無臭で普通の温泉でした。

奥に露天風呂があったので、そこに移動しました。すると浴室の窓から、赤や黄色に染まった紅葉が見えたのです。

「わー、これは最高だ！」お湯に浸かりながら紅葉が見られるなんて。いっとき紅葉を眺めていたら若い男の人が入ってきました。その人は初めてじゃないようで、腹ばいになって紅葉を見ていました。隣が女湯で、隣に入っている女性と塀を隔ててしゃべりながら、嬉しそうに紅葉を眺めていました。そのうち雨が降ってきたので、私は風呂から上がって外に出ましたが、青森の山の中で見つけた「みちのく深沢温泉」は良かったなー。

盛岡の塩ラーメンとの出会いは幸運だった

青森から太平洋側の八戸市に行ったのですが、そのまま、海岸線を南下するのか、内陸部に入って、岩手県の県庁所在地である盛岡市に行こうか迷いました。考えた末、岩手県の中心となる盛岡市に行くことにしました。

青森から山の中を走って海側の八戸に来たのですが、また、山道を走ることになりました。八戸から内陸部に向かって車を走らせます。すると、この辺りの地名が三戸町、二戸町、一戸町というように、家の数を意味するような地名が続きました。なぜ、こういう地名が付いたのでしょう。調べてみると、昔、この地方の特産品は馬で、年貢として納められていました。戸はこの馬の管理や、貢馬の行政組織だったようです。岩手県と青森県にわたる広大な地域を官営牧場とし、9つに区画して運営していたと言われています。

山の中を走って、盛岡に着きましたが辺りはもう暗くなっていました。しかし時計はまだ5時半です。ホテルにチェックインしてひと休みしてから、ホテルの近くで食事が出来る所を探しに出ました。あちこち探しましたが、美味しそうな所がありませんでしたので、ホテル近くにあった、ラーメン屋さん「ちりめん亭」でラーメンを食べることにしました。ラーメンはいつでも食べられるんだけどなと思いながらお店の中に入りました。

中にはお客さんが1人いて、店の主人は女性の方でした。メニューを見て、鶏の塩ラーメンを注文して待っていたら、お客さんが1人お店に入って来ようとしました。するとは女性の主人が、「すみません。7時になりましたので、もうお店は閉めます」と言って、断って暖簾を中に入れてしまいました。時計を見ると、7時をちょっとだけ過ぎていました。すると、私がお店に入ったのは7時少し前で、ぎりぎりセーフだったのだ。それにしても厳しいなあ。ちょっと過ぎたくらいだから、入れてあげればいいのに……。

そして私が頼んだ塩ラーメンが出来てきました。そのラーメンを見て、なんだか美味しそうだなと感じました。普通の塩ラーメンと違ってスープが透明ではなく薄い黄土色です。卵にメンマに鶏肉が盛られていて、まずスープを飲んでみたら、なんとまろやかで、コクがあって美味しいんです。麺はややちじれていて味がしみ込んでいました。スープと麺が一体になっていて、結局スープも一滴残さずに平らげました。

私が食べ終わった時には、お店の中には私1人で、主人はもういませんでしたので、女性の主人の方とは話せませんでした。それに無口なようで愛想が良い方ではないようでした。だけど、後からお店に出てきたお母さんと話をすることが出来ました。話では、女性の主人は腰が悪いそうですが、無理をしないで頑張って続けてほしいと思いました。

私があと2～3分遅かったらこの塩ラーメンは食べることが出来なかったのです。なんか運命的な出合いを感じますね。私が今まで食べてきたラーメンの中で、一番美味しいラーメンでした。

翌日はホテルの近くを散策しましたが、市内には鮭が登って来る中津川が流れていました。その川の両脇には市役所があったり、情緒がある歩道があったりしました。また、盛岡城跡という所が公園になっていて、市民の憩いの場として親しまれていました。そして、近くの街中には旧岩手銀行の建物が記念館として残っていたので見学しました。こういうふうに、盛岡市は豊かな自然に恵まれた街で、美味しいラーメン屋さんがある所です。それと1つ忘れていました。「わんこそば」です。盛岡でわんこそばを体験してみたかったなあー。私は小食なので、たくさんは食べられませんが、雰囲気だけでも味わいたかったです。

三陸海岸・津波の跡はどうなっている?

三陸海岸とは、青森県八戸市から宮城県石巻市までの海岸線を指します。津波の跡を見るために、盛岡から三陸海岸の宮古市に出ました。宮古市から仙台まで、海岸線をずっと南下していきましたが、この辺の海岸はリアス式海岸となっていて、きれいに入り組んだ湾がたくさん見られます。

しかし、海岸線には高い鉄筋コンクリートの壁が、海に沿って延々と建てられていました。そのせいで綺麗な海岸の景色が見られなくなっているのでした。

この日は、釜石市まで行って泊まりました。釜石市は以前、「新日鉄釜石」という社会人ラグビー部があって、全国大会でしばらく日本一を続けていたので、どういう街か見に来たのでした。今は「北日本製鉄所　釜石」という名前になっているのですね。

翌日、釜石を出発し、再び三陸海岸を南下しました。大船渡市、陸前高田市、気仙沼市、大船渡市の湾の中には、何か養殖をしているようで黒い浮きがたくさんありました。陸前高田市の海岸沿いには延々とコンクリートの壁が建っていました。そして、道路のそばに窓ガラスが全部割れている古びたアパートが建っており、5階のベランダに「津波ここまで　14m」と書いた看板が掛けられていました。震災遺構ですね。14mという高さまで海の波が押し寄せたのです。あんな高さまで来たら助かるのは難しいですね。実際、亡くなられた方と行方不明者を合わせると2万2212人に上っています。

気仙沼市の海を見下ろす小高い丘には小さな震災のメモリアルパークがあって、そこには亡くなられた方の名簿と女性の銅像が建っていました。その銅像は両手を胸の前で合わせて晴れた日の青空に向かって祈るような姿でした。街は新しくなり住宅は高台の方に建てられ、商業施設は以前街があった低い所に建設されていましたが、まだコンクリートの壁が建設中の所もあって完全に復興した状態ではないと感じました。

それにしても、このコンクリートの壁は必要なんでしょうか。高い所で15mくらいあります。美しい三陸海岸の風景が見られなくなり高いので圧迫感があります。

そして海と遮断されています。今までのようにきれいな海の風景も見られない。簡単に海に行って泳いだり魚釣りも出来ない。人の命が最優先なのは分かりますが、この状態だと、この地を離れる人も出てくるんじゃないかなと思いました。

夕方、今日の宿泊地、仙台に向かって車を走らせていましたが仙台は遠かったです。

下道を走っていたのですが、いつの間にか高速道路みたいな所を走っていたのでUターンして下道に戻り再び仙台を目指しました。ところが仙台市内に入ると、夕方の渋滞に巻き込まれてホテルに着くまでかなり時間がかかったのです。3車線の道路でしたが車が多くてさすが大都会だなと思いました。それで渋滞の間CDをかけて歌を聴きました。私が好きな歌手は「中島みゆき」で、好きな曲は「ルージュの伝言」です。そうしているとやっとJR仙台駅の近くのホテルに着きました。

日本三景・松島は観光客が多い

仙台に泊まった翌日、日本三景の1つ松島を観に行きました。仙台から松島までは昨日来た道を北に戻ることになります。車で20分くらいでした。やはり観光客が多かったですね。修学旅行のバスが何台も並んでいて学生達がたくさんいました。まだコロナの感染が続いていた時なので、学生の集団とは離れて行動するようにしました。

松島は海にいくつもの島があってそれを遊覧船に乗って周遊します。大小の島があってそれぞれの島の奇岩が移り変わる風景が見られるようです。学生達はみんな遊覧船に乗っていました。

私は近場の小さい島に歩いて渡りましたが、大勢の観光客がいる中で1人で見て周るというのはなんとなく寂しいですね。松島の小島は根元を波が浸食してキノコの形になっているのが多く見られました。小島には古い洞窟のようなものがあって、これは亡き人の供養をする所らしいですね。赤い橋が架かっている島がありました。福浦島といって県立自然公園となっています。私は遠くから眺めただけですが、多くの種類の草花や樹木が自生し植物の宝庫として知られているようです。

これで、日本三景のうち2か所を見て、残るは広島の宮島ですが、宮島には2回ほど行ったことがあるので今回の旅では行く予定はありません。

そして仙台に戻るとお昼になっていました。仙台のカキは美味しいと聞いていましたからホテルの近くの料理店でカキフライを食べました。カキは大きくて身もプリプリしてたしかに美味しかったですよ。

その後仙台城跡を見に行きました。今はお城もなく石垣だけがある状態で、本丸跡は高台にありましたから仙台市内が一望出来ました。この辺りは青葉山公園となっており緑が多く市民にも親しまれているようです。

15話 智恵子抄

10月22日〜24日

初めて訪れた天童市

仙台を出発して内陸部にある天童市を目指しました。天童市も初めて来た街です。この街は将棋の駒の生産が全国の9割以上を占めると言われていますね。また温泉もあると聞いていました。それで市内をうろうろしながら温泉を探していると「天童温泉はな駒荘」という旗が立っていたので寄ってみました。建物は新しくて綺麗な温泉施設でした。天童温泉と書いていたので、てっきり源泉かと思って入ってみたら普通の温泉でした。老人を対象にした交流施設で私も高齢者だからちょうど良かったんですけどね。

温泉から出てくると昼頃になっていました。何を食べようかな。食事が出来る所を探していたらそば屋さんがあったのでそのお店に入りました。メニューを見ると、ざるそばにニシンが付いたものがあったので珍しいなと思い注文しました。運ばれてきたざるそばには甘辛く煮たニシンが付いていました。福岡ではざるそばとニシンという組み合わせはないですね。JR天童駅に行くと、出口の所に「最年少　五冠達成　藤井聡太　九段」と書いた看板がありました。やはり将棋の駒の生産地らしいですね。

智恵子抄の安達太良山と阿武隈川

天童市から山形市、南陽市、米沢市、福島市と内陸の街を通って南下して二本松市のその日泊まるホテルに到着しました。なぜ二本松市なのかというと、阿武隈川と安達太良山を見たかったからです。

私は高村光太郎の「智恵子抄」という詩集の中にある「樹下の2人」という詩を読んだことがあります。その詩の中に高村光太郎と智恵子が、丘の上から安達太良山と阿武隈川を眺めながら「あれが阿多多羅山、あの光るのが阿武隈川」と詠った一節があり、これがとても印象的でいつまでも心の中に残っていました。そこで今回の旅ではぜひ二本松市に泊まって、安達太良山と阿武隈川が同時に見える所、つまり高村光太郎と智恵子が眺めた場所に立ってみたいと思っていたのです。阿多多羅山は高村光太郎が創った安達太良山の呼び名だそうです。

二本松市に泊まった翌日、まず智恵子の生家を訪れました。智恵子の実家は酒造業で、生家はきれいに保存されていました。次に二本松城跡を見に行きましたが、お城の手前に菊がたくさん植えられていて綺麗でした。現在は天守閣はないのですが三の丸御殿跡地が残っていました。

その後、安達太良山と阿武隈川が見える場所を探しに行きました。ところが、なかなか分からなかったのです。地元の方に聞いても阿武隈川が見える所は分からないと言われました。あちこち探し回った結果、やっと阿武隈川と書いた橋にたどり着きました。そして、その橋から川の向こうに安達太良山が見えたのです。ただ詩を読むと小高い丘から眺めたように書いていましたので、2人が眺めた場所はここではありません。

調べてみると、その舞台は智恵子の生家の裏にある鞍石山とも言われているそうです。

そして智恵子の生家の裏から「愛の小径」と名付けられた散策路があるとのことでした。この道をたどって、高村光太郎と智恵子は安達太良山と阿武隈川が見える丘に登ったのでしょうか。

昼ご飯を食べてから会津若松市に向かいました。

しばらく走ると左手に猪苗代湖が見えてきました。そして右手に会津磐梯山が姿を現しましたが、ちょうど雨上がりで虹がかかっていました。猪苗代湖に着いて湖畔を歩くと再び雨が降ってきたので、お店の中でソフトクリームを食べました。雨が降って寒くなって来ていたのですがなぜか食べたくなったのです。雨が止んだ合間に湖畔を散策しましたが、迎えてくれたのはカモたちでした。猪苗代湖は日本で4番目に大きな湖で透明度が高い湖水だそうです。その後今夜宿泊する会津若松駅前のホテルに向かいました。

会津若松　白虎隊

朝、ホテルを出て白虎隊のお墓がある飯盛山に向かいました。

飯盛山の麓から階段を登っていくと厳島神社がありました。ここは昔、宗像神社と呼ばれていたそうで、古くから近隣の人々に崇拝されてきた神社らしいです。

そこからさらに上に行くと白虎隊のお墓がある場所に出て、そこからちょっと下った所に白虎隊が自害した場所がありました。自害したのは計17名の少年たちだそうです。まだ少年なのに自害しなければならなかったとは可哀そうですね。

その後、会津若松市内にある鶴ヶ城を見にいきました。私は鶴ヶ城の存在は知らなかったのですが、前夜地図を見ていたら鶴ヶ城というお城があることを知ったので来てみたのです。お城の周りは緑が多く、お城を中心にした公園になっていました。屋根が淡い紫色でしたが珍しい色ですね。壁は真っ白で全体的に綺麗なお城でした。周りにはお堀があり、周囲の緑に囲まれてどっしりと建っていました。今まで見てきたお城の中でも綺麗さではトップクラスだと思いました。

那須塩原 元湯温泉は最高だった

会津若松市を出て、南下して南会津町を通って栃木県の宇都宮市に向かいました。

大学を卒業すると栃木県にある三和酪農組合に就職したのですが、翌年に交通事故を起こして福岡に帰ることになりました。短い間でしたが、お世話になった米良さんや大学時代の友達もいますので思い出が残る街なのです。

大田原市から昔住んでいた烏山市に行ってみようかと考えましたが、今は誰も知り合いはいないので真っすぐ宇都宮市を目指しました。すると大田原市と矢板市の間の所で、右側に「元湯温泉にごり湯」という小さな看板を見つけたのです。

「あ、ここは行ってみよう」と思い、Uターンして細い道に入って行きました。しかし、それからが長かったのです。くねくねと曲がった山道を登っていきますが、なかなか建物が見えてきません。本当にあるのかな？　途中に看板もなく不安な気持ちで運転していたら、やっと建物が見えてきました。

その旅館には「秘湯の宿・元泉館」と書いてあって車が1～2台停まっていました。駐車場の脇の赤く紅葉したもみじが綺麗でしたね。受付をして廊下を歩いて浴室に向かいました。浴室に入ると白く濁ったお湯で、浸かってみると、なんと柔らかくてまろやかでつるつるしていたのです。気持ちいいなあ。しばらく浸かって外に露天風呂があったので、そこに行ってみると目の前には紅葉したもみじの木が見えました。きれいだなあ。いいお湯に浸かりながら紅葉が見られるなんて最高でした。細い山道をぐるぐる登ってきた甲斐がありました。あの小さな看板を見逃していたら、このお湯は経験することは出来なかったのです。これも運が良かったのでしょう。

16話 先輩をたずねて

10月24日〜26日

栃木での思い出

大学を卒業すると、米良さんが働いていた栃木県の三和酪農組合に勤めて牛の診療をすることにしました。その三和酪農組合で採用試験を受けた時のことです。筆記試験が終わり、組合長との面談がありました。その時、私があまりにも無口だったので組合長が「こんなにしゃべらないのに農家の人を指導出来るのか？」と怒ったように言いました。

私はどちらかというと無口な方で、それに加えて大学で空手部に入ってからは、普通に同級生とおしゃべりすることも少なくなりました。仲の良い友達とは普通に話していましたけどね。

組合長が怒ったようにそう言ったとき、そばにいた部長さんが「そのうちしゃべるようになりますよ。今日は緊張してるんですよ」と助け船を出してくれたことを今でも覚えています。それでなんとか採用されて、米良さんと同じ烏山支所に配属になったのです。

烏山支所には古賀さんという所長がいました。古賀所長も獣医師で、しかも日本獣医畜産大学の先輩でした。おっとりした性格で、米良さんが休みの時は古賀所長と往診に回りました。古賀所長と回る時は私に車を運転させてくれました。私がちょっとスピードを出すと、いつも「法定速度で走るように、スピードは出さない！」と注意されました。

三和酪農に入社してまもなく車を購入しました。三和酪農では、往診する車は自分で購入し組合から車の手当が出るという仕組みでした。購入した車は日産サニーのコラムシフトで、三角窓が付いている古いタイプの車でした。それでも早く自分の車を持ちたかったので嬉しかったですね。ちょうど日産のケンとメリーのスカイラインが売れていた時で、次はスカイラインに乗りたいなあと思っていた時期です。

三和酪農に入社して半年が経ったころ、烏山支所から真岡支所に転勤になりました。このころから1人で往診に回ることになったのです。真岡支所に来てしばらく経った頃、夜中に往診依頼があり農家に行くと、牛が起立不能になっていて、私はまだ起立不能の牛を治療した経験がなく、どんな治療をしたら良いのか分からず、米良さんに電話してどう治療したら良いか聞くと、お産後だったのでCａ剤を注射するように言われてそうしました。

初めての経験で心配だったので、農家に泊まり込んで牛の様子を時々見ていました。明け方に牛を見に行くと牛が立ち上がっていたので感激したのをよく覚えています。

春の穏やかな季節の時に、診療の合間に田んぼ道に車を停めて、ひと休みしている時にラジオから流れていた曲が「木綿のハンカチーフ」でした。故郷から遠く離れた栃木県で働いている私の気持ちと重なって、故郷を思いながら聴いていました。

空手部先輩の米良さん

元泉館を後にして宇都宮に向かいました。昔お世話になった米良さんの家に行くのです。ただ、

2日前に米良さんに電話をしたら、いま入院しているとのことでした。咽頭癌で放射線治療を受けているそうです。あのいつも明るくて元気だった米良さんが、癌になるなんて。米良さんは私より10歳年上なので、この時は80歳になっていました。

米良さんの家に行くと、米良さんは入院していて不在でしたが、当時よくご飯を食べさせてくれた奥様がいました。あの頃、私は烏山支所に勤務となり誰も知らない烏山に1人で住んでいました。山奥の町で仕事が終わって借家に帰ると寂しかったですね。食事に行くにも飲み屋さんはありましたが、食事が出来る食堂やレストランはありませんでした。借家は自炊が出来るようにはなっていましたが、せいぜいラーメンライスくらいでした。

あの頃は、今みたいに総菜なんか売ってなかったですから。

烏山から宇都宮までは車で1時間かかります。時々米良さんが「家に来るか」と誘ってくれて、米良さんと一緒に宇都宮まで行きました。食事をご馳走になって、その日は米良さんの家に泊まって、翌朝、米良さんと一緒に烏山に行っていました。そういう時は1人で寂しい思いをしなくて助かりました。

それから、米良さんの息子さんにもお会いしました。あの頃、多分小学1~2年生だったと思いますが、鼻水を垂れて泣いていたのを思い出します。その子が今は米良さんの後を継いで、獣医師となり診療に回っています。それと米良さんは日本空手協会の栃木県支部の支部長をしていて、自宅の裏で空手道場を開いていますが、息子さんがその道場の師範として頑張っていました。道場でしばらく話していましたが、どうしても息子さんが小さい頃を思い出してしまうのです。

米良さんの家からホテルに戻り夜の食事に行きました。宇都宮市は餃子の消費量が多いことで知られていますので、駅前のお店で美味しい餃子を食べました。

今も米良さんは癌と闘っていますが無理しないようにしてください。米良さんの癌が小さくなるように、消えてなくなるように祈っています。

大学の同級生と再会

宇都宮に泊まった翌日、午前中に再び米良さんの家に行きました。米良さんには会えないので私の写真を奥さんに託《ことづ》けました。コロナの関係で病院に行って米良さんに会うことも出来ないのです。しばらく奥さんと話してから米良さんの家を後にしました。

今日は、栃木に住んでいる大学時代の友達と会う予定です。昼頃に宇都宮の北東部にある「道の駅　ろまんちっく村」で待ち合わせをしました。そこには同級生の荒川、宇賀神、幸良、そして1年先輩の岡さんの4人が集まってくれてみんなで食事をしました。岡さんは馬頭町といって烏山市の隣にある町に住んでいて、私が烏山にいた頃に随分お世話になったのです。あの頃、岡さんのうちは旅館を経営していてお父さんやお母さんに親切にして頂きました。今でも覚えているのはドジョウを食べさせてくれたことです。

荒川と幸良と岡さんは開業獣医師で今も牛の診療をしているそうです。元気ですね。

宇賀神は県に勤めていましたが今は定年退職して家の仕事をしているとのこと。宇賀神といえば烏山に住んでいた頃、家の田植えを手伝いに行き、水が入った田んぼを馴らすのに梯子を引っ張ったのを覚えています。あの時はきつかったなあ。

宇賀神、幸良、岡さんは変わっていませんが、荒川が変わっていたのでびっくりしました。学生の頃は痩せていましたが今は太って顔も変わっていたので、すれ違っても分からないでしょうね。そういう私も大学の頃と比べると随分痩せたので分からないかもしれません。でもこうやって、みんなと再会できたことが嬉しかったです。

その後、みんなと別れて私は今夜泊まる群馬県桐生市に向かいました。みんな元気でな、ありがとう。

「赤城山の山も今宵限り」

宇都宮で友達と別れた後、今夜泊まる群馬県桐生市を目指しました。日光市を通り、日光東照宮の前を通って桐生市に向かいましたが、このとき日光東照宮に寄らなかったのは、もう夕方になっていたので、桐生市に着くのが遅くなると考えたからです。山道を走り、2時間ほどかけて夕方、桐生市に着きました。辺りはもう暗くなっていてナビを頼りに運転していたら今日泊まるホテルのネオンが向こうに見えてきました。

周りを山に囲まれた所でした。山から下って降りて来て街並の中に入るとホテルのネオンが見えなくなりました。それでもナビの案内通りに車を走らせていたら、なかなかホテルのネオンが見えて来ないのでおかしいなと思いながらも、さらに車を走らせていたら町はずれの山すそまで来てしまいました。「いやいや、これはおかしいぞ。ホテルのネオンは見えないし、困ったな」

と思いながらもナビの案内を頼りにさらに進んでいたら、行き止まりの所に来ました。

道を聞くにも人はいないし車も通らない。それで方向転換してまたナビの案内に従い車を進めましたが、住宅街に出て人も車も通らず家もみんな締め切っていて、聞くことも出来ません。困ったなあと思っていた時「ああ、これがある」とトヨタコネクトのことを思い出しました。早速オペレーターに電話をして「ホテルが分からなくなったから案内をお願いします」と告げました。すると向こうから私の車のナビに、ホテルまでの道順のデータを送ってくれました。そしてそのナビの画面通りに車を走らせたら、今度はちゃんとホテルのネオンが見えてきました。あー疲れた！　トヨタコネクトを契約しておいて良かった！　と思いました。ナビも完璧ではないんだなとこのとき思いましたね。

翌日は群馬観光です。まず赤城山を右手に見ながら前橋市を訪れました。前橋市の郊外から赤城山を見ると、赤城山は大きいというか裾野が広いので、そんなに高い山には見えません。しかし高さは１８００ｍもあるみたいです。山頂には大沼というカルデラ湖があるそうです。

田んぼ道で赤城山を眺めていたら、幼稚園から出てきたお母さんと子供さんが通りかかったので、「この辺で何か見る所はありますか」と聞くと、「そうねー、この辺りじゃ高崎観音かな」という答えが返ってきました。

教えてもらった「高崎観音」を目指して高崎へ向かいました。その「高崎観音」の正式名称は「高崎白衣大観音」でした。高さは41・８ｍもあるそうです。小高い丘の上に駐車場があって、そこに車を駐めて「高崎白衣大観音」像が建っている所まで歩いていきました。雲一つない青空の下、高崎の街を見下ろすように建っていました。よく見ると目は閉じているような感じですね。

観音様を見て駐車場に戻ると、管理人らしき方が近づいてきて「日本一周しているんですか」と話しかけてきました。やはり日本一周のステッカーは必要ですね。

その後、高崎市内で豚骨醤油味のラーメンを食べて、今夜泊まる茨城県水戸市に向かって車を走らせました。宇都宮から水戸に来た方が近いのですが、全県を周るのが目的なので遠周りになりますが仕方がないですね。暗くなってから水戸市に着きました。

17話 再会の巻き

10月27日〜11月1日

空手部の後輩はどうしてる？

水戸市に寄ろうと思ったのは、空手部の1年後輩である小林に会いたかったからです。

小林が入学した時、私が空手部に勧誘して入部したのです。卒業以来、年賀状は来ていましたが、彼がどんな生活をしているのか見てみたかったのです。

ただ、分かっているのは年賀状に書いてあった住所だけです。地図で確認するとどうもホテルから近いようです。事前に連絡をしていませんので小林が在宅しているかは分かりませんでしたが、とりあえず行ってみようと、ナビに住所を入れてホテルを出ました。

約20分後、住宅街の公園の近くに来ました。ナビではこの辺になっているのです。しかし、周りの家の表札を見ても小林という名前は見当たりません。それで公園の前の家の方に聞いてみました。この方もはっきりと分からない様子でしたが「その公園の横の道を入った所じゃないかな」と言われたので、車をバックさせて公園の横道に入ろうとすると、その横道から1台の車がやってきました。

その車を運転している人を見ると、なんと小林ではありませんか！「おい、小林」と手を振っても向こうは気が付かないまま左折して行ってしまおうとしました。無理もありません。私は急

いで後を追い、クラクションを「ビビー、ビビー」と激しく鳴らしました。すると車が止まり、小林が怪訝な顔をして降りてきました。私も急いで車を降りて「俺だよ、阿波だよ」と小林に近づいていきました。ようやく小林も分かった様子です。

「ああ、阿波さん！　何かあったのかと思いました」とびっくりした様子の小林。

それから小林の家に行き、近況や家族の様子や空手部の同窓生の様子など話を聞きました。もう定年退職していて、奥様、子供達も元気でいるようで安心しました。大学を卒業して50年ほど経っていましたが、日本一周の旅をしたことで小林と再会することが出来ました。

それにしても、あと1分私がホテルを出るのが遅かったら、あるいは起きるのが遅かったら会えていなかったのですから奇跡みたいで不思議な再会でした。

大学で賑やかだった友達と

水戸を出発してから千葉の九十九里浜を海岸に沿って南下しました。あちこちで大勢の人がサーフィンを楽しんでいます。九十九里浜はサーフィンのメッカなのですね。そして房総半島を一周して千葉市内の幕張のホテルに泊まりました。夕方、千葉に住んでいる大学の同級生の船橋がホテルまで会いに来てくれました。

船橋は大学の畜産学部で空手部の松下と一緒のクラスでした。その関係で、空手部のみんなといつも一緒にいるようになったのです。「ねえねえ、知ってる?」というのが昔からの彼の口癖です。それと賑やかと言うか、うるさいと言うか、騒がしい人間でした。彼以外はみんな地方から出てきていたのですが、彼だけが千葉出身で都会っ子でした。

なぜ彼は空手部という、一見近寄りがたい集団に溶け込んで来たのかなあ？　ただ空手部といっても、私達は黒い学生服を着ているだけで中身は普通の優しい人間ですけどね。

一度、船橋が乗っていたホンダN360という軽自動車で静岡の中沢（空手部）の実家に遊びに行ったことがありました。その時、東名高速道路を使って行ったのですが、私は免許を取ったばかりで高速道路を走るのは初めてだったのです。私が高速道路は初めてと言ったらみんな怖がるだろうと思って、みんなには黙って必死にハンドルを握っていたのをよく覚えています。

船橋とホテルの近くの食堂に行って食事しながら、昔のこと、これから訪ねる空手部の同級生の大野のことなどを話しました。珍しく静かな会話でしたが、やはり、歳を重ねると静かになるのかな。大野は埼玉県所沢市で動物病院を開業していましたが、２～３年くらい前から連絡が取れなくなっていたのです。

ご近所さんだった田苗さんご夫婦との再会

田苗さんは、宗像市の私の家の前に住んでいましたが、約20年前に旦那さんの転勤で千葉県浦安市に引っ越しました。犬やウサギを飼っていて、時々私も診察していました。

引っ越してからも奥さんから年賀状が来ていましたので、今回浦安に近い所まで来たので、田苗さんの家に挨拶に伺おうと、ホテルを出る前に電話しました。

「幕張まで来ているんですが、今から行っても良いですか」と聞くと「いいですよ」と言ってくださったので、伺ってみることにしました。その日は日曜日で、ディズニーランドが近く、道路は混むかと心配したのですが割合空いていました。無事、ナビで田苗さんの家に着きました。家には奥さん1人がいてお邪魔させてもらって話をしていると、間もなくご主人も帰ってこられて、ご主人とも再会することが出来ました。せっかく近くに来たのだから、こうやって久しぶりに会うのも良いですよね。

空手部の仲間を訪ねて

田苗ご夫妻に別れを告げ、今度は空手部の大野を訪ねて埼玉県所沢市まで行きました。松戸市、越谷市、浦和区、志木市を通って所沢市まで行きました。

大野とは2～3年前から急に連絡が取れないようになったので、今回は彼が動物病院を開業していた所まで行って、大野に会いたいと思ったのです。会えなくても消息だけでも知りたいと思っていました。事前に埼玉県獣医師会に問い合わせたところ、獣医師会は退会していて連絡先も不明でした。

大学時代、大野は体重が80ｋｇもあって太っていました。なぜ空手部に入ってきたのか分かりませんがあまり運動が得意ではなかったのです。ただまじめで頭も良く、卒業試験の前は、薬理学教室にいた大野に勉強を教えてもらい良い成績を取ったことがあります。空手の練習では、人を肩車して運足をする練習があるのですが、私はいつも大野と組み、あの80ｋｇの巨体を担いで練習しました。重いし両腿で首が圧迫されるし、きつかったのを思い出します。あの重い大野を肩車してよく練習できたなと我ながら感心しますね。

大野は埼玉県出身でしたので所沢で開業したのでしょう。一時は空手部の同期の同窓会にも来ていたのですが、最近は連絡が取れないのです。

船橋から聞いた病院の住所をナビに入れて病院の近くまで来ましたが、そこは電車の踏切の近くで車を駐める場所がありません。路地に入って何とか車を駐めて、歩いて病院を探しましたが、それらしき建物が見当たりませんでした。近くのアパートの1階にあった花屋さんで動物病院の場所を尋ねてみると「その病院は多分、ここにあったんだと思います」と言われました。「うちがここに入る時に、たしかここが前は動物病院だったと聞きました」と。うーん、花屋さんの周りをみても動物病院の跡は何もありません。

花屋さんの上にあるアパートの住民の方にも尋ねてみましたが、知りませんと言われました。仕方がないですね、連絡を取りたくない事情があるのでしょうか。

大野、もしこの本を読むことがあったら連絡だけでもしてくれないか。みんな心配しているぞ。

国分寺で50年ぶりの再会

父親の実家が福岡県朝倉郡夜須町にありましたが、その実家の近くにある親戚の娘さんが東京にお嫁さんに来ていました。名前は前間さんといって国分寺に住んでいました。

日本獣医畜産大学に入学が決まり、初めて東京に来た時は不安でいっぱいだったですね。長崎から特急寝台列車「さくら」に乗って翌朝東京に着きました。まず中野にある学生援護会に行って下宿を探しました。時期的に遅かったみたいでなかなか良い物件がなかったのですが、何とか下宿が見つかりました。大学が武蔵境にあったので、大学に近い三鷹という所で部屋は2畳半の広さでした。2畳半というのは畳は3畳分あるのですが、押入れが部屋に突き出ているため動ける範囲は2畳半ということです。

当時、私のいとこの邦明ちゃんが仕事で東京に住んでいて、その邦明ちゃんが、前間さんの家が武蔵境から割合近いので紹介してくれたのです。それからは時々、前間さんの家に行って晩御飯をご馳走になったり、その頃小学2年生の娘さんの勉強を見たりしていました。娘さんの名前は一葉ちゃんといってよく一緒に遊びました。いえ、もちろん名目は家庭教師でしたから勉強もちゃんと教えましたよ。

その前間さんを訪ねてみようと思いましたが、住所も電話番号も分からなかったので、邦明ちゃんに住所を聞いてナビに入れて向かいました。この時のナビはすごかったですよ。前間さんの家までぴったりと行きましたからね。家の表札には「前間」と書かれており、ブザーを押すと奥さんが出てきました。「阿波です」と言ったけど奥さんはきょとんとしていました。後から一葉ちゃんが出てきたので私が「一葉ちゃん」と呼んだら、やっと奥さんも分かったようで「周作さんね！　あらー、びっくりしたわ」と。

奥さんも一葉ちゃんも歓迎してくれて、家に上がって話をしていたら、おじさんは半年ほど前に亡くなられたとのことでした。当時のおじさんはお酒が好きで私が遊びに行った時はいつも笑顔で迎えてくれました。

お昼になったので奥さんが昼ご飯を作ってくれました。あの頃晩御飯を食べさせて頂きありがとうございました。1人暮らしだったので、時々家庭の雰囲気を味わえたことに感謝します。これから奥さんと一葉ちゃんと2人で暮らしていかれるのですが、元気でお過ごしください。時々連絡します。

弟夫婦と再会

私の弟は陽一といって横浜に住んでいます。国分寺で前間さん親子に別れを告げ、八王子を通って神奈川県大和市のホテルに向かいました。翌日、弟夫婦が大和市のホテルまで来て再会しました。奥さんは光代さんと言います。弟とは時々電話で話していましたが2人と会うのは久しぶりで、2人とも元気そうでした。光代さんとはホテルで別れて私と弟は電車で横浜に出かけました。

横浜では横浜球場を見て横浜の中華街で中華料理を食べました。弟の案内で高級中華料理店で食べましたが美味しかったです。もちろん弟のおごりです。私と弟は似ていて弟もあまりご飯は食べないのです。私と同じように痩せていて小食なのですが、やはり兄弟って似るんですかね。

もう、私達の両親は2人とも亡くなり、うちの家系は弟と2人だけになりました。

これからもお互い元気で過ごそうな。帰りも弟と大和市のホテルまで帰ってそこで別れました。

横須賀で突然の訪問

弟と別れた後、午後3時頃横須賀市に向かいました。横須賀市に住む今津君に会うためです。今津君は大学の1年後輩です。福岡県酪連で一緒に働いていた頃、連合会にはいくつか診療所があって、私は宗像診療所でしたが彼は甘木の診療所にいました。それで会議や勉強会で会うことがしばしばありました。彼は優しい性格で、会うといつも「先輩」と言って話しかけてくれました。

私が福岡県獣医師会の大動物部会の会長をした後や福岡県獣医師会の副会長を務めた後も今津君が私の後をちゃんと引き継いでくれました。そういう訳で今回の旅で今津君に会いたいと思っていたのです。

年賀状は毎年来ていたので住所は分かりますが電話番号が分かりません。横須賀を訪れるのは初めてでしたし、出発するのが遅かったこともありますが横須賀市内は車が渋滞していました。片側1車線で道路が狭いのに車が多くてなかなか前に進みませんでした。道路の両側には商店がずらっと並んでいて家も数多く建ちならんでいました。

ナビを使って向かったのですが今津君の家の付近に着いた時間が午後5時頃で辺りはもう暗くなっていました。今津君の家の近くまでは来たようなのですが、道路は1車線で車を停める所がないのです。やっと車を停めて近所の人に聞くと少し戻った所じゃないかと言われ、歩いて戻り、再度尋ねると、そこの家だろうと言われて表札を見たら「今津」とありました。やっと見つけました。

玄関を開けて「おーい、俺だ、阿波だよ」と言うと、今津君が出てきてびっくりしていました。そりゃびっくりするでしょうね。連絡もしないで突然思いも寄らない人間が現れたのですから。車を今津君の家の駐車場に駐めてお邪魔しましたが、奥さん、驚かせてすみませんでした。今津君とは応接間で話をしましたが、彼は今、仕事は何もせずにゆったりとした時間を過ごしているようでした。今津君、今回の訪問は私、先輩からの贈り物です。時々思い出して笑ってください。その後、暗くなった道を今夜泊まる藤沢市に向けて車を走らせました。

18話

富士山

11月2日〜6日

江の島・茅ヶ崎

昨夜、江の島を左手前方に見ながら腰越《こしごえ》海岸道路を走っていると、右手に煌びやかな明かりが輝いていました。昨日は江の島を通り越して藤沢市のホテルに泊まりました。この辺では藤沢市にしか東横インのホテルがなかったのです。今回の旅ではホテルは東横インをメインに利用しました。なぜかというと、ビジネスホテルとしての環境が整っているからです。シングルで禁煙という部屋がちゃんと用意されていて朝食も付いています。それと会員になっていたので、10回泊まると1回が無料になるという特典もありました。

翌日、来た道を引き返して江の島に渡りました。左手に片瀬東浜海水浴場を見ながら江の島大橋を渡ります。観光客が多いですね。私は江の島では奥の方には行かずに、渡ってからUターンして江の島大橋を戻ってきました。江の島大橋の途中で西の方を見ると彼方にきれいな富士山が見えました。

江の島から小田原方面に向かって走ると、間もなく茅ヶ崎海岸に着きました。今は「サザンビーチちがさき海水浴場」に改称されているのですね。正面に「えぼし岩」、左手に「江の島」、右手に「富士山」が望める海水浴場だそうです。人気バンドのサザンオールスターズの歌「勝手にシンドバット」にも出てきましたね。私は海岸をちょっと見ただけで小田原を目指しました。江の島にしても茅ヶ崎海岸にしてもロケーションが良いですね。富士山が見えるし、鎌倉にも近いし、また湘南というイメージが若者に人気があるのでしょう。

その後、小田原城に寄りました。小田原城も壁が白くて綺麗なお城でした。お城のそばに松の木があって、その松の木を入れて写真を撮ると実に良い写真が撮れました。

そして、今日の宿泊地静岡県の沼津市に向かいました。

富士山を一周する

静岡の沼津に泊まったのは富士山を一周するためでした。富士山を一周することは、この日本一周の旅の大きな目的だったのです。ごく稀に飛行機で東京に行くとき、窓から富士山を見たことはありますが、まじかに自分の目で見たことはありません。日本に生まれたからには一度じっくりと見てみたいと思ったのでした。

その日の朝、まずは伊豆半島に行ってみました。伊豆には有名な修善寺温泉がありますので出来れば入ってみたいと思っていました。途中に見えた狩野川は大きくて綺麗でした。しかし修善寺温泉に着くと、あいにくこの日は日曜日で、人も車も一杯で車を駐める所もないほどでした。それで温泉に入るのはあきらめ、また沼津に戻って富士山を目指したのです。

沼津から裾野市、御殿場市を通って富士山の東側を北上して行きます。この辺から富士山を見ると、頂上はうっすらと白くなっていて雪が積もっていました。そして富士山の手前にこぶのような山が見えます。これは宝永山といって１７０７年の宝永大噴火で誕生した火山だそうです。いつもすっきりした富士山だけを見ていたので、こういう火山があることは知りませんでした。御殿場市に来たら、ちょうどお昼になりましたので富士山が見える空き地で弁当を食べました。いやぁ、富士山を眺めながら弁当を食べられるなんて最高ですね。

富士山の東側にある須走という町からは、富士山の左側にこぶがはっきりと見えました。

その後、山中湖に到着しましたが、やはり日曜日なので人が大勢いて駐車場もやっと駐められたという状態でした。山中湖は道路の右側にあり富士山は左側にあったので、山中湖と富士山を一緒に写真を撮るのはちょっと難しかったです。湖面にボートを浮かべて、富士山を眺めるのも良いかもしれないですね。富士吉田市に着いた頃にはもう夕暮れ時になっていました。

富士吉田市から見た富士山は日陰になっていて、右手前にこぶが薄っすらと見える程度で、全体的には綺麗な富士山の形をしていました。偶然手前にススキが咲いていて、太陽の光が当たったススキと、影になった富士山との対比を撮った写真は芸術的でした。富士吉田市のホテルに泊まりたかったのですが、ホテルが一杯で、仕方なくそこから北東に車で30分の所にある大月市のホテルに泊まりました。この30分は長く感じましたね。

翌日すぐに富士山に行くよりも、せっかく大月市に来たのだから甲府市に寄ってみようと思い甲府市に向かいました。途中に勝沼町があって勝沼ワインはここで作られるんだなと思いました。次に笛吹市を通って甲府市に着きました。道路の両側には黄色く色づいた銀杏の木が並んで立っていました。甲府の街中を釜無川という大きな川が流れています。

その後、昼頃に町はずれにあった道の駅で弁当を買いましたが、そこで売られていたシャインマスカットに目が留まりました。なぜかというと、そのシャインマスカットの1粒が大きくて立派だったのです。こんなに大きいのは初めてだったので買って食べてみると、もちろん美味しかったのですが、なんとも食べ応えがありました。ちなみに値段は1パック2200円でした。甲府はワインの産地でもあり果物も美味しい街でした。

甲府市を後にして山の中を富士山に向かって車を走らせました、そして現れたのは富士山の北東部にある本栖湖。ただ、やはり人が多く駐車場が狭かったので車を駐めるのがやっとでした。ここでは本栖湖の向こうに綺麗な姿の富士山を見ることが出来ました。そして撮った写真に、名前は分からないのですが、手前の方に紅葉した植物が写っていて、これも芸術的な写真の1枚になりました。

その後、富士山を左に見ながら南下して富士宮市に来ました。そこで見た富士山も綺麗な形をしていましたね。こぶも見えなくてお皿を伏せたような形です。今回富士山を一周しながら、いろんな角度からゆっくりと見ましたが、なんか富士山は近くで見るより、遠くから見た方が綺麗だなと思いました。例えば飛行機の窓から、新幹線の窓から、江の島から、美保の松原からなどです。この後は今夜泊まる浜松まで行きました。

浜松で食べたうなぎの蒲焼

今日は静岡市から浜松市まで行きます。静岡では登呂遺跡や美保の松原に行きました。美保の松原は日本新三景の1つです。日本新三景とは、函館の近くにある「大沼公園」、大分県の「耶馬渓」と、この「美保の松原」です。沿岸の約5kmにわたり松林が続いていて、海岸に出ると松原越しに富士山が見えて絵になる場所だなあと思いました。

その後、焼津港、藤枝市を通り大井川を渡りましたが大井川は大きかったですね。そして今夜泊まるホテルに着きました。ホテルの場所が浜松駅の近くで、しかも交通量が多く駐車場が道路を隔てて向かい側にあったので、車を駐めたり荷物を運んだりするのが大変でした。

浜松市には空手部の同期の中沢が住んでいます。当時空手部の主将は私で中沢は副将でした。ただ空手の技のキレとかは彼の方が勝っていました。それと空手の練習の中に、「巻き藁突き」というのがあって、板切れに藁を巻いたのを立てて、その藁の部分を毎日突くのですが、私や他の者はすぐに手の皮が破れて出血して痛かったのですが、彼の手は皮が厚いのでなんともなかったということがありました。

事前に連絡を取っていましたが、今夜はうなぎを食べさせてくれる約束になっていたのでした。まもなく中沢が車で来て一緒にうなぎ屋さんに行き、うなぎの蒲焼を注文しました。中沢は大学の頃は元気が良かったのに、今は少し背中が曲がって来ていて、苦労しているのだなと感じました。それでも趣味のカメラはプロ並みの腕前で彼なりに楽しんでいるようでした。運ばれてきたうなぎの蒲焼を一緒に食べましたが柔らかくて美味しかった。力ちゃんありがとう。またうなぎを奢ってください。

岡崎に来たら声をかけて

私が日本一周の旅に出発してからまもなく、杉浦さんからフェイスブックで「こちらに来たら連絡ください」というメッセージが届きました。昔、農場の衛生管理の手法である「農場ＨＡＣＣＰ」を学び始めた頃に講師として来て頂いた思い出があります。今では鶏卵肉情報センターの社長さんです。それで事前に連絡をしたらお会い頂けるというので岡崎市に寄ったのです。

杉浦さんのお住まいは、岡崎城の近くにあったので２人で歩いて岡崎城を見に行きました。岡崎城は徳川家康が生まれたお城ですね。お城はお堀と石垣が昔のまま残っていましたが、お堀には水はなく石垣も一部は壊れて分からなくなっていました。昭和34年に、ほぼ昔通りの３層５階の天守閣が建設されたそうです。岡崎市内にある岡崎公園の中に建っていて、高さは３層ですからお城自体はそんなに高くはないのですが、森に囲まれて建っているのが遠くからでも見えます。

岡崎城を見た後はまた歩いて、今度は八丁味噌の会社に行きました。ここではカクキューという会社の工場を見学しました。みそ工場の見学は初めてでしたが、大きな木樽に大豆を仕込んで、天然の川石を重しとして２年以上熟成させると聞きました。石が崩れないように積み上げていましたがきっとコツがあるんでしょうね。

次に乙川を見に行きました。乙川は岡崎市を流れる一級河川で結構大きい川です。訪れた時も、その川の土手の部分には色々なお店が出店していました。日曜日でもあり、お城も乙川にも人が大勢いて賑やかでした。春は桜が美しく、夏は花火大会が見られるということで、四季折々の顔を楽しめる所だそうです。

孤独な旅の途中で、杉浦さんに声を掛けて頂いたことは随分と活力を頂きました。それに岡崎城、八丁味噌の工場、乙川などを案内して頂き面白かったです。本当にありがとうございました。

その後は岡崎市を後にして今夜泊まる豊田市に向かいました。

19話

名古屋城と岐阜城

11月7日〜9日

名古屋城は豪華

昨夜泊まった豊田市は「クルマのまち」として知られています。豊田市は全産業に占める自動車産業の割合が非常に高い街です。豊田市の2019年の製造品出荷額は全国第1位で、中でも自動車関連工場の出荷額は全体の96％を占めるそうです。いかに豊田市が自動車産業を中心にした工業都市であるかが分かりますね。

豊田市から名古屋市の周辺を走って午後1時頃、愛知県の北部にある一宮市に到着しました。ホテルに車を置いて電車で名古屋市内に行って名古屋城を見学したのです。毎日車に乗っているので、駅で切符を買いホームに行って電車に乗るという一連の動きがなんかぎこちないと感じました。ＪＲに乗り、地下鉄に乗り換えてタクシーでお城まで行きました。

名古屋城は壁が白く、うぐいす色の屋根に金色の鯱《しゃちほこ》という豪華な外見で、雲一つない青空にそびえていました。名古屋城は徳川家康が築城したお城で、現在は大阪城、熊本城とともに日本三名城に数えられます。昔は「尾張名古屋は城でもつ」と謡《うた》われました。

まさに金の鯱と共に名古屋の街の象徴となってきましたが、名古屋の人にとって今の名古屋城はどういう存在なんでしょうか。外見も派手ですが、お城の中も畳敷きの部屋があって金色の襖に日本画が描かれて豪華でした。他のお城には見られないですよね。周囲のお堀には水はなく草が生えていました。近くには名古屋市役所がありました。帰りはお堀のそばの道を地下鉄の駅まで歩いていき帰ってきました。

一宮駅前に混ぜ蕎麦という看板があるお店があり、珍しかったので食べてみました。簡単に言えば、汁がないラーメンという感じですね。混ぜて食べましたが美味しかったですよ。スープがないのでちょっと物足りない感じはしました。

金華山山頂に建つ岐阜城

愛知県の一宮市に泊まったのは岐阜城に近いからでした。車で1時間ほどで岐阜城の麓に到着しました。岐阜市に来るのは2回目です。1回目は大学受験で岐阜大学獣医学部を受験しに来ました。その当時、岐阜大学は国立2期校で、1期校は宮崎大学獣医学部を受験しましたが2校とも不合格でした。寒い時期で、1人で旅館に泊まって岐阜大学に行ったのですが、その時に遠くから山の上に建っていた岐阜城を見たことを覚えています。

麓の駐車場に車を駐めて、ロープウェイで山頂近くまで登りました。そしてそこから徒歩でお城が建っている頂上を目指したのです。その道は階段で、幅も狭くお城の入り口辺りも木立に覆われ狭く感じました。そして岐阜城も頂上の狭い土地に建っていました。金華山山頂に位置し、岩山の上にそびえる岐阜城は難攻不落の城としても知られています。高さは標高329mで、備中松山城に次いで2番目に高い所にあるお城です。それにしてもこんな高い山頂に、しかも狭い土地によくお城が築けたものだと感心しますね。昔はどうやって資材とか運んだのでしょうかね。

お城は3層4階で大きな城ではないのですが、天守閣から眺めた景色は遠くまで見渡せて気持ち良かったです。眼下には長良川が流れていて、平野の中に大小の小山がいくつも見えました。その日は天気も良かったのですが本当に遠くまで見えました。これだと敵の動きも良く分かるし、また敵も近づき難いですよね。しかも360度見渡せるのでなおさらです。

岐阜城を見た後は琵琶湖を目指して車を走らせました。道路の右側には、関ケ原と書かれた幟が立っていましたが、その幟がないと、ここでそういう天下分け目の戦いが行われたなんて分かりません。

琵琶湖は大きくて海のよう

関ケ原町から琵琶湖に近い米原市、彦根市、近江八幡市を通ってきました。彦根市では琵琶湖のそばを走ったので琵琶湖を見ることが出来ましたが、そのうち湖の向こう岸が見えなくなったので大きな湖なんだなと実感しました。

その後も道路は琵琶湖から離れていたので道路からは琵琶湖は見えませんでした。琵琶湖をもっと見たかったので、時々道路から細い道に入っていって琵琶湖を眺めていました。夕方に近江八幡市に着いたのですが、この辺にはホテルがなかったので、琵琶湖から遠ざかる形で、車で30分ほど走った東近江市のホテルに泊まりました。

翌日、再び近江八幡市に出て、琵琶湖を見ながら湖畔を南下して行きました。釣りをしている人や棒が何本も立っていて魚を捕まえる仕掛けのような光景も見ました。琵琶湖大橋を渡らずにそのまま南下したら、小さな烏丸半島があって、そこに滋賀県立琵琶湖博物館がありました。ここは岡崎市でお世話になった杉浦さんが教えてくれた所で、琵琶湖のことが良く分かる博物館のようです。

昼近くに到着したので博物館で食事をしてから館内を見て回りました。この博物館の説明をしますと、常設展示としてA、B、Cの展示室があり、A展示室は琵琶湖の生い立ちと生き物の移り変わりを、B展示室は人と琵琶湖の歴史を、C展示室は私達と琵琶湖の自然とのつながりを体感できます。水族展示室は国内最大級の淡水生物展示が見られます。その他にもいろいろな展示室があり、また屋外も琵琶湖と森の植物を観察出来るようになっていました。子供たちにとっては、琵琶湖について勉強することで面白い体験が出来る博物館なのです。実際私が行った時も大勢の子供達が来館していて走り回っていました。

今まで湖はいくつか見てきましたが、琵琶湖は「湖」というより「海」のような感じがしましたね。大きいということもありますが、大きな橋が架かっていたり漁をしていたり、仕掛けがあったりして、そこで人が生活を営む姿が見えるからです。

20話 お父さんに似ている？ 11月9日～11日

京都の清水寺に行けない

琵琶湖博物館を昼過ぎに出発し、午後2時半頃京都の八坂神社に到着しました。車を駐める所があるかなと心配でしたが、神社の近くの有料駐車場が空いていたのでそこに駐めて市内見物に出かけました。まず八坂神社です。この辺は東山区になるんですね。八坂神社は全国にある祇園社の総本社らしいです。ここでも金沢の兼六園で見たように、着物を着たカップルや娘さん達が見られました。

清水寺を見たかったので八坂神社から歩いて行くことにしました。途中、「八坂の塔」という五重塔がありましたが、この辺りから道が狭く人が多くなったのが気になりました。コロナ禍ですからね。それでも清水寺には行きたかったのでそのまま歩き続けました。すると清水寺に近づくに連れて、道幅が狭いのに人がまた増えてきたのです。混雑というか人と人との間隔が狭くなったので、コロナのことも考え、清水寺はあきらめることにして車の所に戻ることにしました。この日は平日でしたが京都の人気スポットは本当に人が多いですね。

その後は今夜泊まる嵐山の近くにあるホテルに向かいました。ところがナビに入れて行ったのですがホテルが分からないのです。ナビではこの辺と表示されているのですが探してもホテルがありません。ホテルに電話して聞くと全然違う所にいるらしく、再度ホテルの住所をナビに入れてみるとやっとホテルに着くことができました。ホテルの前にはホテルの方が出てきて待っていてくれました。そこは小さなホテルで2階にフロントと部屋がありました。夫婦2人で経営しているようで、親切に対応して頂きました。

空手部の松下と　死んだ親父に似ている

嵐山のホテルに着いたのが午後6時頃で、その30分後に空手部の同級生の松下と松尾大社駅で落ち合いました。松下は京都に住んでいるので事前に連絡していたのです。大学に入学して松下と出会ったのですが、これが思いも寄らない出会い方でした。大学の入学式に出席するため、バスに乗って会場に向かっているとバスの中で「お前、あなみやろ」と声を掛けてきた男がいたのです。まさか誰も知らない東京で自分の名前を呼ばれるなんて思いも寄りませんでしたが「俺さ、長崎西高出身でね。ラグビーをしよって、あなみのこと知っていたんよ」と話すのです。ラグビーは途中で止めたらしいのですが松下は私を覚えていたんです。

それからは一気に意気投合しました。私の布団がまだ届いていなかったので、松下の下宿に泊まることになったのです。さっき初めて会ったのに気を使わない、気さくな松下だったのです。松下は畜産科でしたが、空手部に入部する時も一緒でした。彼とは銭湯もよくいっしょに行き、お酒もよく飲んだものです。空手部の1年生の時に、4年生の先輩が時々飲みに連れて行ってくれた時も一緒でした。私は酒は強くないけど松下は強かったなあ。学ランを着て高下駄を履いて、一緒に武蔵境の街を肩で風を切って闊歩したものでした。

その松下と久しぶりに会い飲みに行きました。私が泊まることになったホテルの近くのスナックで飲み始めましたが、相変わらず飄々としていて仕事のことや家のことなどを話しました。しばらく経ってもう1軒行こうということになり、歩いて飲み屋さんを探していたら、小さな飲み屋さんがあったので松下がここに入ろうと言います。昔からこういう所が好きだったなあ。その飲み屋さんには店主のおばちゃんがいて、お客さんは50代らしきおじさんとおばさんがいました。そこで焼酎のお湯割りを飲みながら、また松下がお客さんと話し始めました。いつものことで松下は飲むと誰とでも話すのです。私はだいたい無口な方なので、知らない人と気軽に話すことはありませんが。

そのうちそのお客さんの男の人が私の顔を見て、私が「死んだ親父に似ている」と言い出しました。「ああ、そうですか」と私。死んだ親父に似ていると言われてもなあ、喜んでいいのか縁起がよくないのか微妙な気持ちでした。その後もその方は私の方を見ていましたが、ついに泣き出した様子で「死んだ親父に似ている」と繰り返すのです。

時間も経ったので松下と帰ろうかと立ち上がった時に、私はそのおじさんに「息子よ、頑張れよ」と声を掛けてお店を出たのでした。あまりにも親父に似ていると言って泣き出してしまうほどでしたので、やはりここは父親になりきってひと言声を掛けてあげなければと思ったのでした。

京都　2日目　小さな喫茶店

翌日、午前中にホテルの自転車を借りて嵐山を見に行きました。紅葉も始まった頃で天気も良く渡月橋を渡る人はとても多かったです。私は橋を渡って自転車で近辺のお寺などを見て回りました。

お昼になったので渡月橋から少し離れた所で食事が出来る所を探していると、道路から少し入った所に喫茶店を見つけました。軽い食事が出来るようなので自転車を停めて入りました。店内は小綺麗で若い女性の店員さんが2人いましたが、お客さんは1人もいませんでした。メニューを見てオムライスとパウンドケーキを注文しました。昼時なのに待っている間もお客さんは来ませんでした。オムライスは美味しかったですよ。食べ終わってお店の方と話をしました。場所は渡月橋から少し離れているし、川沿いの道路からちょっと中に入っているので分かりにくいのです。しかも駐車場もありません。2人は姉妹のようでした。

食事も美味しくて店内も綺麗だし、せっかくの良いお店なのに、もう少しお客さんが来て欲しいですよね。後ろ髪を引かれる思いで、と言ったら大げさかもしれませんが、その喫茶店を後にしました。

この辺は神社・仏閣が多いのです。喫茶店で紹介してもらった「車折神社《くるまざき》」に行ってみると学芸の神様と書いてあって、寄付した芸能人と思われる人の名前を書いた赤い札が、参道の両側にびっしりと並んでいました。

磔磔というライブハウス

その日の夜、松尾大社駅から電車に乗って、京都市内まで行き、「磔磔《たくたく》」というライブハウスまで歩いて行きましたが、周囲に家がある街中に「磔磔」はありました。「磔磔」は私の中学校からの友達である水島が経営しているお店なのです。今は息子さんが後を継いでいるそうです。「磔磔」のことは以前から聞いていたのですが、訪れるのは初めてでライブハウスも初体験でした。

大正6年に建てられた日本酒の酒蔵を買い取って改築したのはお医者さんで、水島は当初はその「磔磔」というレコード喫茶でバイトをしていたそうです。そして28歳の時にオーナーになったとのこと。ちなみに「磔磔」というのは中国語で「そよそよ」とか「さらさら」という意味だそうです。

ハウスに入るとすでにお客さんが大勢来ていて、席のほとんどは埋まっていました。ちょうど一番前の席が空いていたので私はそこに座りました。まもなく水島が車椅子に乗ってステージに登場しドラムの位置に座りました。次にボーカルが登場し、2人のギター奏者も揃って演奏が始まりました。今日の音楽の種類はブルースみたいな感じでした。水島によるとロックとかブルースとか色々あるとのこと。水島も動く左手でドラムを叩いていました。

ライブハウスというのは初めて経験しましたがとにかく演奏の音量がすごいのです。心臓にガンガン響きます。しかし周りを見ると皆さんは音楽に熱中していて、体を動かしたりして楽しんでいて音に慣れているんですかね。私の方は心臓をガンガン叩かれるようで、これがずっと続いたら心臓発作を起こすかもしれないと思いました。私は自分で言うのもなんですが、ほんとデリケートなんです。隣りにいた女性は淡路島から来たと言っていましたが、今までに何回も来ていたみたいでした。

ライブが終わって水島は客席の後ろの方で、お客さんに囲まれて話をしていたので、また明日会えるからと声を掛けずにハウスを出ました。

そんなわけで「磔磔」を出た時は正直ほっとしました。しかし周りは閑静な住宅街で大きい音を出して大丈夫なのかなと思いました。水島に聞くと18時45分開演で21時に終了するので遅くまでは演奏はしないとのことでした。それと防音対策もしているそうです。

それから電車に乗って嵐山近くのホテルまで帰ってきました。

次の日の午前中に水島の家まで行きました。家に行くのは初めてでしたがナビで行くと水島の家の近くまで行き、奥様が玄関に出てくれていたのですぐに分かりました。家に入って行くと水島が車椅子に座って待っていました。「おう」と水島。昨日は挨拶もせずに帰ってきたので会って話をするのは久しぶりでした。水島は数年前に脳梗塞を起こして歩けなくなっているのでした。それと右半身に麻痺があるようです。

午前中に奥様と2人で近くにある金閣寺を歩いて見に行きました。水島は留守番です。奥様は気さくで優しそうな方で一緒にいても気を遣わずに済みました。その日も天気は良くて大勢の観光客が見に来ていました。まだ紅葉はそれほど進んでいませんでしたが、金閣寺はその名の通りに輝いていましたね。水面に金閣寺が映っているのも良かったし、写真も良いのが撮れましたよ。

家に戻って、お昼は水島がお寿司を取ってくれたので3人で食べました。家の2階に水島と2人で上がりました。水島は下半身に麻痺がありましたが協力してなんとか2階に上がれたのです。2階の窓から2人で外を眺めながら水島が近辺を紹介してくれます。ふと昔、水島の家のお風呂で山下と3人で「恋の季節」を唄ったことを思い出しました。あの時服は着ていたかな？まさか裸で唄ったのではないだろうか？　水島の肩に腕を回した。あの頃はプロレスが人気だった頃で4の字固めとか良くかけ合ったものでした。

午後2時頃水島に別れを告げて今日の宿泊地である伊勢市に向かいました。水島の奥様が玄関で手を振ってくれました。水島へ、これからも「礫礫」に行ってたまにはステージに上がってドラムを叩いたらいいよ。リハビリにもなるし、お客さんも喜ぶんじゃないかな。

21話

高野山　奥の院

11月12日～15日

伊勢神宮はおごそか

午後2時頃、京都から三重県の伊勢市に向かったものの途中、車が多くてずっと渋滞し、結局伊勢市に着いたのは暗くなった午後7時頃でした。5時間もかかったのです。渋滞が多いと車の運転も疲れます。こういう時は自動運転があったら楽でしょうね。

翌日、伊勢神宮に行きましたが外宮と内宮があって、まずは外宮から見て回りました。

午前9時50分に着いたのですが、その日は土曜日でもありお客さんが多く駐車場も何とか駐められた感じでした。

まず外宮から見に行きましたが小石を敷き詰めた参道を30分くらい歩いて、やっと正宮豊受大神宮にたどり着きました。外宮は衣食住を始め産業の守り神である豊受大御神《とようけのおおみかみ》をお祀《まつ》りしているそうです。そしてまた来た道を戻って車で10分の所にある内宮に行きました。

内宮は私達国民の大御祖神《おおみおやかみ》として崇敬を集める天照大御神をお祀りしているそうです。宇治橋を渡って歩いて行くと五十鈴川が見える所に出ます。皆さん、階段を下りて五十鈴川で手を清めていましたが気持ち良さそうでしたね。また森の中を流れる五十鈴川も綺麗でした。身も心も清めた後は正宮皇大神宮に健康と旅の安全をお祈りし、その後内宮神楽殿にてお神札を受けました。

伊勢神宮に来たのは二度目でしたが、森に囲まれた参道を歩いて行くだけでも何か身を清められるような感じがしましたね。それでも外宮と内宮を歩いて見て回ると結構疲れます。かなり歩きますので長時間歩いても大丈夫な人でないと大変です。そして内宮を出た所に休憩所があったので、赤福を売っているお店に入って赤福とお茶を頂きましたが、疲れた体に甘い赤福は美味しかったー。

くじらの町　太地町

伊勢市から紀北町、熊野市、新宮市と南下し、そして捕鯨で有名な太地町に到着しました。この辺はリアス式海岸で綺麗な湾が多いのですが、太地町も入り組んだ湾が印象的でした。湾のそばに「太地くじら浜公園」があって大きな捕鯨船が展示されていました。「くじら館」にはくじらの模型があり捕鯨の様子が分かるようになっていました。

くじら館を出た所に「落合博満野球記念館」の看板がありました。落合選手は太地町の出身だったのですね。それで記念館に行くことにしました。看板の案内に従って車を走らせましたが住宅街の中に入って行ってしまい、遂に記念館にはたどり着けませんでした。聞くにも人がいなかったので聞けませんでした。後で調べてみると入館料が２０００円となっていました。なぜ有料なのだろう。三冠王を取ってすごく稼いだ落合選手なのに。ちなみに野村選手の記念館は無料でした。落合さん無料にしましょう。

高野山　奥の院はすごい！

高野山には元々行く予定はなかったのですが、娘と旦那さんが「ぜひ行ってみて」と言うものですから行くことにしたのです。笠田という所から山の方に入っていきました。高野山に着いたのは10時過ぎ頃、高野山の中心と思われる金剛峯寺の駐車場は満車で駐められませんでした。平日にも関わらず人も多かったです。それで金剛峯寺から奥の方に移動して、ようやく空き地に車を駐めることが出来ました。そして歩いて行くと「奥の院」と書かれた石碑がありました。どんな所か分からないけどとりあえず行ってみようか。

杉の木立に囲まれた奥の院の参道を奥の方に歩いて行きました。すると徐々に参道の両側にお墓が現れてきました。さらに奥に行くにつれてその数はどんどん増えていったのです。色々なお墓がありました。苔に覆われた古いお墓、観世音菩薩が建っているお墓、武田信玄のお墓、松下幸之助のお墓など。本堂に行くまで25分くらいかかりましたがその間ずっとお墓に圧倒され続けました。

調べてみると奥の院は弘法大師が入定されている聖地で、弘法大師信仰の中心と言われています。一の橋から御廟までの約２ｋｍの道のりには、約20万基を超える諸大名や著名人の墓石や供養塔が、樹齢数百年の杉木立中に並んでいるそうです。その中に阿波と書かれたお墓があったのでもしやご先祖のお墓かと思ったほどでした。

その後、大黒天と書かれた本堂にお参りして、再びお墓に囲まれた参道を帰ってきました。往復50分ほど歩くことになりましたが、伊勢神宮も然り、足腰がしっかりしてないと名所は見られません。私は毎日1時間程歩いていますが皆さんにも歩くことをお勧めします。そして一度奥の院を見にいってください。

奥の院を見てきたらちょうどお昼になっていたので、昼ご飯を食べようと食堂を探しました。ところが観光客が多いのでどこも満員で空いていません。困ったなあと歩いているとお土産屋さんがあり、そこで餅を焼いていましたのでその餅を食べることにしました。ただお餅が小さくてあまりお腹が一杯にはなりませんでした。

その後金剛峯寺まで行きましたが駐車場は満車でしたので、どうにか車を駐める所を探して金剛峯寺にお参りしました。高野山真言宗の総本山である金剛峯寺です。

普通お寺と言えば1つの建造物を言いますが、高野山は「一山境内地」と称し、高野山全体がお寺なのだそうです。金剛峯寺はお寺の建物の中まで入れるようになっていて部屋や廊下やお庭などを見ることができました。ちょうど紅葉の時期で赤く染まったもみじが綺麗でしたよ。

娘夫婦が薦めてくれなかったら、高野山を見ることはなかったと思います。娘夫婦には感謝します。奥の院という異質な世界と、金剛峯寺を見られたことは日本一周の旅の内容をいっそう濃くさせてくれました。

奈良　東大寺は大きい

高野山を昼すぎに出発し奈良市の東大寺を目指しました。奈良公園に着いたのは午後5時半頃でしたがまだ人が多くいました。名物の鹿もいましたがさすがに角はきちんと切られていましたね。ただ午後5時を過ぎていたので大仏殿には入れませんでした。また明日来よう。

翌朝午前9時過ぎ頃に再び東大寺に来ました。奈良の大仏様で知られる華厳宗大本山です。やはり人は多いですね。今日は修学旅行の生徒達も来ていました。まず鹿に迎えられて南大門をくぐります。南大門は東大寺の正門で国宝です。大きいですね、我が国最大級と言われています。門の左右にはやはり国宝の大きな金剛力士像があります。左側が阿形像《あぎょう》で右側が吽形像《うんぎょう》で迫力がありますね。

次に中門があって、そこの左側に入り口がありそこから入ると大仏殿があります。国宝で正式には金堂といい、世界最大級の木造建築物だそうです。ここに大仏様が安置されていますが、正式には盧舎那仏《るしゃなぶつ》といいこれも国宝です。中に入ると中央に大仏様がどっしりと座っていました。像の高さは約15m。

いつも思うのですが大仏様の手のひらのポーズはどういう意味があるのかな。調べてみると、立てている右手ですが、緊張をほぐし「恐れなくていいよ」と相手を励ましているポーズで、左手は「願いをかなえて差し上げましょう」というありがたい形だそうです。

なるほど！　そういうことを知ると、なんとなく大仏様は頼りになるんだなと思えてくるから不思議ですねえ。大仏殿を出ると広い通路の中央に八角燈籠がありこれも国宝でした。

大阪の2人

奈良から大阪に住んでいる山下に電話をすると、「会いたい！」と言うので大阪に行くことにしました。昔は山下と水島と3人で良く遊んだんですよ。

中学生の時、私の家の下の空き地で棒高跳びをして遊んでいました。私の番になり、飛び上がった瞬間、「ぼきっ」と音がして棒が折れてしまったのです。私は頭から地面に落ちて、頭を強く打って意識不明になったのです。家に運ばれて寝ていたら意識は戻ったのですが親が心配して救急車を呼びました。ところが、うちの家は山の中腹にあり階段しかなく、車が登って来る道路がありません。そのため救急車は階段の下までしか来られませんでした。その時、山下が私を負ぶって階段を下りて救急車まで運んでくれたのです。私は入院して頭の検査を受けましたが異常はありませんでした。

それから大学受験で浪人をしていた時、山下と一緒に建設現場でバイトをしたこともあります。とにかくお尻が大きいのだけはしっかり覚えていますね。

大正区という所に住んでいるということでしたが大阪も初めてだし車が混んでいるかもしれないので、ナビを使って高速で行くことにしました。この旅では高速は使わないことにしていましたが今回だけは特別です。高速で大阪市内の大正区まで来ましたが思ったほど車は混んでいませんでした。ナビの案内で山下のアパートの近くまで来たら、なんと森川さんが迎えに来ていました。まさか、森川さんがいるとは思っていなかったので嬉しかったですね。

昔、水島と会った時に、山下が森川さんと付き合っているみたいなことを聞いてはいたんです。森川さんは長崎の梅香崎中学校の3年生の時の同級生でした。そして森川さんと会うのは中学卒業以来なのです。こうやって50年以上経って再会するとは、不思議な縁ですねー。

車を道路の端に停めて森川さんに付いて行き、3階の山下の部屋に入りました。するとそこに車椅子に座った山下がいました。水島に続いて山下も車椅子とは……。昔はお尻が大きくて、がっしりとした体格だったのに。聞くと3年前に脳梗塞を発症したとのことでした。ただまったく立てない訳ではなくて、立ち上がって杖を突いて少し歩くことは出来るようでした。

しかし1人で生活することは出来ません。そういう山下のそばに森川さんがいてくれるのは心強いですね。中学生の時森川さんとはほとんど話したことはなかったのに、今回は森川さんとたくさん話が出来ました。よくしゃべって元気が良い女性でした。

森川さん、山下をよろしくお願いします。

この本を書いている時に、山下が心臓も悪くなって手術をするということを聞きましたが、手術が無事に終わって良くなることを願っています。山下、森川さん頑張れ！

22話 淡路島の別荘

11月16日～19日

神戸でラグビー部の友達と会う

大阪では市内から少し離れた茨木市に泊まりましたが、ホテルに着いた時はすでに暗くなっていました。翌朝ホテルを出発して神戸に向かっていた時、ホテルを出てまもなくバイパスのような道路を走っていると、右手に「太陽の塔」が見えたのです。あれ？　万博会場の近くだったんだ。しまった！　それなら今日でも「太陽の塔」を見られたのに。しかし車はバイパスのような道路を走りだしてもう止まれないし降りる道路もない。そのまま走って遠ざかってしまいました。残念！　近くに泊まったのに惜しかったなあ～。あきらめて神戸に向けて車を走らせました。

今日、神戸で会う友達は、長崎南高校ラグビー部の副キャプテンだったヤギちゃん（伊藤）だ。ちなみに当時のキャプテンは私でした。南高に入学してすぐの時に男の生徒は全員１００ｍを走らされました。そして1位、2位の生徒をラグビー部の原監督が「お前、ラグビー部に入らないか？」と言って勧誘して回ったのです。後で知ったのですが3年後に長崎で国体が行われる予定で、それに合わせて足が速い生徒にラグビーをやらせて強いチームを作ろうという企みだったようです。

私は入学して最初は卓球をやろうとしていたのですが、同じクラスの梅香崎中学校の仲間が、

「ラグビー部の説明会に行ってみよう」と言ったので私も付いていき、その仲間と一緒にラグビー部に入部したのです。ところが残ったのは私だけでしたが。

なんでヤギちゃんと呼ばれるのか？　実はいまだに私は良く分かっていません。高校1年生の入部した時から伊藤は白髪頭でした。そしてその時からすでにヤギちゃんと呼ばれていました。理由を聞いてみると名前が泰伸で「やす」と呼ばれていたのが、そのうちヤギになってしまったらしいのです。ラグビーのポジションは私がバックス（ナンバー12）で、やぎちゃんはフォワード（ナンバー8）でした。

あの当時、長崎県で強かったのは諫早農高で、国体の指定校でもあり他の高校を圧倒していました。その諫早農高に県の新人戦の決勝と高体連の決勝で戦って勝ったのです。

新人戦の時はヤギちゃんが優勝旗を受け取ったので、高体連の時は私が優勝旗をもらえるように、ヤギちゃんに先にトロフィーを受け取ってもらったのでした。

淡路島でゴルフ

ヤギちゃんとは新神戸駅で再会し、その後、ヤギちゃんの家に車を置いて神戸の観光をして回りました。中華街で昼ご飯を食べ、ロープウェイに乗って布引山に登り、神戸市や港を眺めました。海岸に近いメリケンパークでは震災の跡も見ました。

そして夕方、ヤギちゃんと淡路島に向かいました。淡路島に神杉の別荘があるのです。

神杉は長崎南高の陸上部でした。そして戸町中学では野球部のキャプテンで県大会で優勝したそうです。高校の運動場はラグビー部とサッカー部で半分ずつ使用していたが、陸上部はその周りを走っていたので、話すことはあまりなかったものの毎日顔は見ていました。

その神杉とは高校を卒業して以来、今回初めて会ったのです。聞くと大学は最初、立命館大学に入学したものの退学し、神戸商船大学に再入学したそうです。普通だったら立命館大学で満足してしまうのだが、難しい神戸商船大学に挑戦したのだ。いつもニコニコしているが見かけによらず根性があるのだな。そして空調関係の会社で社長になるくらい偉くなっていたのだ。今は退職してコンサルタントの仕事をしているとのことだった。

今夜は神杉の別荘に泊まり、明日は3人でゴルフをする予定だ。ようやく日本一周の旅に持ってきたゴルフの道具が活躍する時が来たのである。夜はヤギちゃんが用意してくれたご馳走を3人で昔話に花を咲かせながら頂きました。友達とお酒を飲みながらああだった、こうだったと話すのは楽しかった。

翌日、3人でゴルフをした後、淡路島を神杉の案内で見て回りました。まず伊弉諾《いざなぎ》神宮へ。ここは日本最古の神社らしいのです。そして高田屋顕償館と日露友好の碑を見ましたが、現在の状況では日露友好なんてとても難しいですね。夜は神杉が作ってくれたすきやきを食べながらまた楽しく過ごしました。

別荘を持っているのは良いなと思いましたが、まずお金がかかるし、時々来ては掃除とかしないといけないし、ちょっと無理ですね。

翌日、神杉とヤギちゃんに別れを告げ、徳島に向かいました。これから四国を一周するのです。

この2日間は旅のことも忘れて孤独感もなく過ごせました。神杉、ヤギちゃん、ありがとう。

徳島の友達と再会

大鳴門橋を通って四国の徳島県に渡りました。事前に電話しておいた小川の家に向かいます。ナビにちゃんと住所を入力したのですが、全然違う所に行ってしまい、分からなくなって小川に迎えに来てもらいました。

小川（旧姓・沖永）は大学では畜産科でしたが空手部の国司と同郷だったので、それで空手部のみんなとも親しくなったのです。大学を卒業して酪農を始めて現在は親牛が20頭ほどいました。若い時は40頭ほど飼っていたらしい。しかもほぼ1人で仕事をしていたようです。牛舎を見せてもらったが古いけれど小綺麗にしていました。

1か月に1度、酪農ヘルパーさんに来てもらって休みは取っているらしい。「酪農ヘルパー」というのは全国的に各地域に酪農ヘルパー組合というのがあって、酪農家が休みを取れるようにする制度が出来たのです。以前、酪農家は毎日搾乳しなければならなかったので休みが取れませんでした。今は有料ですが依頼すれば、農家の代わりにヘルパーさんが来て牛に給餌や搾乳をしてもらえます。だからお金はかかりますが、ちゃんとお休みが取れるようになったのです。

小川とは昼ご飯を一緒に食べた後、近くにある四国八十八箇所巡礼の出発点である霊山寺《りょうぜんじ》と、二番札所である極楽寺を見て回りました。霊山寺は1番目の札所なので人も多かったです。やはり普通のお寺と違い、なんか霊験あらたかな感じがしましたね。2番目の極楽寺は名前からしていかにも極楽に行けそうなお寺ですね。安産や子授を祈願するお寺で、参道も綺麗に掃除されていて気持ちが良いお寺でした。こんなお寺が近くにあれば毎日でもお参りに行くのですけどね。

その後、小川と別れて私は今夜泊まるホテルにチェックインしました。今夜は小川と食事する予定なので、小川が搾乳を済ませてからまた会うことにしました。今夜泊まるホテルの名前は「たいよう農園」と言います。珍しい名前だなと思ってホテルに行くと、ホテルの中にトラクターが置いてありました。聞いてみると農家の方が経営しているホテルだそうです。そして朝食は新鮮野菜や豚肉をふんだんに使用した豊富なメニューらしいです。ホテル代も1泊朝食付きで5300円とリーズナブルでした。皆さんも徳島に行ったらぜひ泊まってみてください。

その夜は徳島市内で小川が行きつけの割烹で食事をしました。お酒を飲みながら美味しい料理を頂きました。私は小食であまりたくさんは食べられないのですが小川はたくさん食べましたね。私の3倍くらいは食べたんじゃないかな？　体はそんなに大きくはないのですがとにかく1人でいっぱい食べていました。

阿波踊り、もっと踊りたい

翌日散髪に行き、次に阿波踊り会館に行ってみましたが、そこからロープウェイで眉山にも登れるし、会館で阿波踊りも見られるようになっていました。まず会館の5階からロープウェイで眉山に登りました。眉山からは徳島の街の中を流れる大きな吉野川が見えました。

次にロープウェイで下って来て会館の2階で阿波踊りを見ました。徳島に来たら生の阿波踊りを見たいと思っていましたので楽しみにしていたのです。入場するとステージがあり、そこで阿波踊りの公演が行われました。しかしいまいち迫力が感じられません。踊り手の人数が少ないからですかね？

最後に観客が踊る時間になりました。私はてっきりステージに上がって一緒に踊るものと思っていましたが、座っている椅子の前で踊らなければならなかったので、少しがっかりしました。もっと阿波踊りの雰囲気を感じたかったです。やはり8月に徳島に来て生の阿波踊りを見ないといけないと思いました。

23話

ピザが待っている

11月19日～25日

ピザのお店・風音

阿波踊りを見た後、山の中を通って高松市に向かいました。大学で同級生だった小山が香川県三豊市でピザ屋さんをやっていて、そこでピザを食べる約束をしているのです。

午後2時頃には高松市の近くまで来ましたが、ここから三豊市まではまだ結構あるみたいです。私は高松からは近いと思っていたのですが距離にしてまだ60ｋｍくらいあったのでした。電話では午後2時頃に着くと伝えていたのに、結構遅れてしまい、小山のピザ屋さんに着いたのは午後4時になってしまいました。それでも小山はお店で待っていて、ピザを焼く準備をしていてくれたのです。しかも近くに住んでいる空手部の1年後輩の真鍋も来て待っていてくれたのです。

小山のピザ屋さんは小高い丘の上にあり、白い壁とレンガつくりの屋根と煙突が印象的な可愛い建物でした。お店の名前は「風音」と書いて「ふうね」と読みます。なんか大学時代のイメージと全然違うなあ。小山は大学では柔道をやっていて、いつも元気に動き回って大声でしゃべっていたのですが、そんな小山がピザを焼くなんて。

焼かれて出来上がったピザを食べました。焼き立てで美味しかった！　そして小山の横には奥様がいました。風音の外観や内装を見た時に奥さんの優しさが表れているようで納得したのでした。もちろん小山が優しいというのは分かっているよ、ごちそうさまでした。
その日はまた高松まで戻ってホテルに泊まりました。

讃岐うどんはうまい！

次の日は高松市から西へ向かいました。今日は松山市まで行く予定なのです。1時間ばかり経って丸亀市に入り、市内を走っていると丸亀城という看板があったので行ってみることにしました。丸亀城は小高い丘の上にあり、その日は雲一つない青空でしたのでお城が綺麗に見えました。お城自体は天守閣がなくて小さいのですが、お城がある亀山公園からは丸亀の街と瀬戸大橋がはっきりと見渡せます。市民の憩いの場となっているようです。

お昼になったので香川県に来たからにはうどんを食べたいと思い、探していると「さぬきうどん」と書いた看板のお店があったので、そのお店に入りました。そこはセルフのお店で「わかめうどん」を食べてみました。麺はコシがあってのど越しも良かったですね。さすが本場のうどんでした。

その後、昨日行った三豊市、観音寺市を通って川之江市に入り、城山公園に川之江城があったので寄ってみました。やはり川之江城も小高い丘の上にあって小さいのですが、ちゃんと天守閣があってそこからの眺めは良かったですね。瀬戸内海が一望出来ました。手前には大王製紙の工場群があって煙突からは煙がたなびいていました。

四国はお城が多い土地ですね、なぜでしょう？　調べてみると四国は海に囲まれていて海運の要衝として重要視されていたこと、太平洋戦争による被害が少なかったことが挙げられるようです。その後、新居浜市、西条市、加茂川を渡って松山市に到着しました。

街の中にある松山城

松山市に泊まった翌日、さっそくホテルの近くにある松山城に行きました。松山城は街の中にあり、ロープウェイかリフトで7合目くらいまで行けるようになっていて駐車場はありません。それで近くの有料駐車場に車を駐めてロープウェイに乗りました。

ロープウェイを降りて少し歩いて登っていくと重要文化財である松山城が見える広場に出ました。松山城は標高132mの勝山の山頂に本丸があります。だけど天守閣から見た景色はもっと高い所からのように見えましたね。360度見渡せて松山市内や瀬戸内海などを見ることが出来ます。裾野に二の丸、三の丸がある広大なお城でお客さんも多かったです。

道後温泉に入るのは楽しみ

道後温泉に入ることは今回の旅の目的の1つでした。夏目漱石の「坊っちゃん」にも出て来るし歴史がある温泉だと思っていました。

近くの駐車場に車を駐めて温泉の入り口に行くと、コロナの関係ですかね、予約制になっていてすぐには入れませんでした。3時間ほど待つことになりましたので道後温泉の商店街を見て歩くことにしました。商店街は人が一杯でした。皆さんお土産をたくさん買って帰るんだなあと感心しながら見ていました。お昼になったので商店街の和食屋さんで食事をしました。その後道後温泉駅の所に行き写真を撮ったり、坊っちゃん列車を見て時間を過ごしました。

1時半近くになったので道後温泉に向かいました。楽しみだなあ。中に入ると予約制なので人は多くありません。脱衣場に2人、浴室に1人いただけです。私も浴室に入りましたが思っていたより綺麗でしたね。坊っちゃんのイメージがあるからもっと古い浴室かなと思っていたのです。お湯に浸かってみると泉質は透明で、ぬるぬる感もなく普通のお湯でした。歴史があり源泉と言われていましたのでちょっと意外でした。

足摺岬まで競争？

次の日、松山を出発して四国の西海岸を南下して四万十市まで行きました。

伊予市から大洲市に行き大洲城を見ました。お城の手前には城下町の昔の家並みが残っていました。大洲城は小高い丘の上にあり天守閣はない小さなお城でした。人は誰もいなくて、裏手には肱川《ひじかわ》という川が流れていました。

宇和島市にはお昼頃に着きましたのでここで昼食を食べました。この宇和島にも宇和島城がありましたが見には行けませんでした。ほんと四国にはお城が多いですね。

宇和島市を出ると、この辺りはリアス式海岸ですので綺麗な海岸や湾が見られます。

津島町という町で湾に囲まれた小さな港があったので、そこで車を停めて海を見ていました。そこから少し行った所の湾の中に丸いものが一杯浮いていたので、近くの人に聞いたら真珠を養殖しているのだと言われました。宇和海《うわかい》真珠って皆さん御存じですか。私は知りませんでした。

その後、愛南町、高知県宿毛市を通って海岸に出ました。そのまま南下して大月町から土佐清水市を通って午後5時過ぎに足摺岬に着きました。もううす暗くなっていました。岬に近くになると人通りもなくなり岬に行く人は私を含めて2人だったので、私が先に行こうと走り始めたらもう1人の方も走り出しました。

四国最南端の岬で突端には灯台があり波が黒い岩に打ち寄せて白くなっています。灯台には灯りがともり、辺りはうす暗くなっています。寂しい風景です、岬や半島にはこういう時間には誰も来ないでしょう。もう1人の方に写真を撮ってもらいました。そして灯台を後にしましたが帰りは走りませんでしたよ。そして今夜泊まる四万十市に向かいました。

室戸岬は天気が良かった

高知県四万十市のホテルに到着したのは午後6時30分頃で、雨も降っていて暗くなっていました。ホテルの前にコンビニがあったのでそこで弁当を買って夕食にしました。

ホテルを四万十市にしたのは四万十川を見るためでした。ホテルが四万十川のそばにあったので翌日は雨模様でしたが、四万十川に沿って上流の方へ車を走らせました。ただその川のそばの道は狭くて、そのうち行き止まりになってしまいました。それから別の道に出て、四万十川に沿って走ってみましたが川が良く見えません。それで残念でしたが四万十川を見るのはあきらめて高知に向けて車を走らせました。

黒瀬町は海岸の町で曇っていましたが、天気だったら海岸が綺麗に見えたでしょう。

四万十町を通って高知県須崎市に入り、昼頃になっていたので道路のそばにあった喫茶店に寄ってみました。「ぽえむ」という小さな喫茶店でした。近所の人らしき方達が何人か来ていて私はハンバーグ定食を注文しました。近所の方が昼ご飯を食べに来るのだから、ここは近所の方の生活の一部になっているのですね。私が座った窓の外には白いバラが咲いて、私はそのバラを見ながらハンバーグを食べたのでした。

そして高知市に着いてまず行ったのは高知駅です。そこには坂本龍馬、中岡慎太郎、武市半平太という高知を代表する3人の幕末の志士の像が建っていました。

次に行ったのは高知城です。高知城は山内一豊が造ったお城で重要文化財となっています。3層6階建ての構造で、入り口から階段を登った所に建っているので天守閣からの眺めも良かったです。高知市は周りを山に囲まれた盆地になっているのでその様子が分かりました。高知から海岸に沿って南下した所に安芸市があり、その日はここで泊まりました。

翌日まず向かったのは室戸岬です。奈半利《なはり》町では奈半利川を渡り、室戸市に着きました。室戸岬の手前に羽根岬という所がありますが、あまり岬のように突き出た地形ではありませんでした。この辺から道路脇にはヤシの木が並び南国の風情が感じられます。

室戸岬に着いたのはお昼前でした。天気も良く観光客が数人来ていました。海岸にはゴツゴツした岩がたくさんあって、それに太平洋の波がぶつかって白いしぶきが上がっていました。いかにも太平洋に突き出た室戸半島の先端の岬という感じです。後ろは小山があって頂上には灯台があり、麓にはここにも中岡慎太郎の銅像が建っていました。お昼になったので安芸市の駅前で買っておいたアップルパイを食べました。

むろと廃校水族館は面白い

ひと休みして室戸岬から徳島市方面に向かって海岸線を20分ほど走った所で、道路の左側に水族館の看板が出ていました。一旦は通り過ぎたのですが、バックして看板を良く見ると「むろとはいこうすいぞくかん」と書いてあったのです。なんか普通の水族館とは違うぞ？　と思いながら、車をバックさせて門から入っていきました。

駐車場には車は1台もなく「むろと廃校水族館」と書かれた大きな看板が立っていて、その向こうに青い色の校舎と思われる建物がありました。

人がいないのでやっているのかな？　と思いながら、入り口らしい所から入っていくと、小さな受付があって女性が1人いました。聞いてみるとやはり水族館だそうです。しかも廃校になった小学校を再利用しているとのことです。

入場料を払って階段を上がって2階に行くと、教室の中に色々な種類の魚介類が展示されていました。係の人に聞くと、室戸岬周辺で獲れた魚介類を展示しているとのことでした。なんか理科の授業を受けているような雰囲気でしたね。そして中庭にはプールがあって、その中には亀やサメが泳いでいました。私は初めてこの水族館を知ったのですが、県外からも修学旅行で来たりするらしいですね。それと私の友達でこの水族館を知っている人もいました。

その後、徳島市に向かいましたが、途中にあった海陽町ビーチや大砂《おずな》海水浴場は綺麗な砂浜がありました。

自分と同じ名前の阿波市

徳島ではもう一度小川の家に寄って、小川とお茶を飲んで岡山に向けて出発しました。

途中にあった、巡礼で6番目の安楽寺に寄ってみました。ちょうど赤くなったもみじが綺麗でした。ここのお寺の屋根には黄金の鳳凰が2体飾られていましたので驚きました。普通のお寺にはこんな高価な物はないですよね。

その後、阿波市を通ったのですが、自分の名前の漢字と同じ町なので初めて来た土地ですが、なんか愛着が湧いてきてぶらぶらしていました。天気も良かったし暖かくて、車を停めて景色を眺めていました。

車を走らせていると「阿波の土柱」という看板があったので寄ってみることにしました。土柱というのは、砂礫層の浸食により数十の土の柱が出現した地形で、アメリカのロッキー山脈とイタリアのチロルの土柱と阿波市にしかない貴重なもので、世界三大奇勝の1つとなっているそうです。

土柱を後にして山を越える道を走っていると、途中に塩江温泉郷があり「行基の湯」という温泉があったので入ってみることにしました。人は少なくゆっくりと浸かることが出来ました。そして坂出市から瀬戸大橋を通って倉敷市に渡りました。

24話 尾道という街

11月25日～28日

大学空手部の同級生と会えない

倉敷に着いた後、せっかく倉敷まで来たのだから岡山に住んでいる国司に会いたいと思い、岡山方面に向かって走り始めました。しかし、その国司からは電話で「来なくていいよ」と言われていたのです。しばらく迷いましたが今日は会いに行くのは止め、倉敷に引き返しました。

国司は空手部の同期で獣医師です。卒業してから岡山県共済連に就職し、牛の診療をしていました。背は高くひょろっとしており、いつもニコニコしている男でした。

一度岡山で共済連の発表会があった時には家まで行ったことがありました。その時は優しそうな奥様にお会いしました。

その国司は今、心臓を悪くしているのです。5年ほど前から悪くなったそうで心房細動という病気で治らないようです。少し動いたり話をすると、心臓に負担がかかってきつくなるのだそうです。だから安静にして寝ていないといけないのです。私としては会って顔を見るだけでいいのですが、国司は「無理無理」と言ってうんとは言わないのです。

やはり無理をさせるわけには行きませんね。その日は倉敷のホテルに大人しく泊まりました。

備中松山城に登るのはきつかった

翌日、どうしても国司のことが気になって岡山から離れることが出来ません。それで尾道に行く前に、岡山県の高梁《たかはし》市にある備中松山城に行ってみることにしました。倉敷市から北に車を走らせます。総社市から高梁川に沿って走ります。途中、美袋《みなぎ》駅という珍しい名前の駅があって昼前に松山城の麓の駐車場に着きました。バスの発着場にお店があったので、弁当を買おうとしたが売り切れでした。

山の中腹までシャトルバスに乗って行き、そこから20分くらい歩いて急な山道と階段を登って行ったが、これがきつかった。汗をかいて息も荒くなったほどでした。備中松山城は標高430mにあり日本一標高の高いお城です。ちなみに岐阜城は329mです。お城は小さくて3階建てで天守閣もありません。広場からは高梁の町が一望できました。

尾道のホテルは分かりにくかった

松山城から町に降りて昼食を食べ、ようやく岡山を後にして尾道市に向かいました。途中、美星町《びせいちょう》という綺麗な名前の町がありました。岡山県の西南部にある井原市美星町は、美しい星空を守るため、全国でも先駆けて光害防止条例を施行、実施した町です。ここには美星天文台があり、さまざまなスタッフたちがいて星空案内を担当しているそうです。

尾道は行ってみたい街の1つでした。映画の舞台にもなりましたし、絵に描かれたことも多く楽しみにしていました。午後4時過ぎに尾道市役所の横の岸壁に着きました。

眼前に尾道水道があり、向かい側に向島が近くに見えます。こういう風景は良いですね。少しうす暗くなっていましたが、今から今夜泊まるホテルに行きます。ホテルは向かい側に見える向島にあるのです。ただ向島に渡ってホテルを探したのですが、なかなか分からなくて、暗くなってからやっと見つけました。住宅街に迷い込んだり、工場があったりして、迷路のような道を進んで行くと駐車場があって、海側に2階建てのアパートみたいなホテルの建物がありました。

海がすぐ前に見える所でアスレチックのような通路が造られていました。フロントは自宅の玄関にあり、オーナーはまだ若くて夫婦2人でホテルを経営していました。今まで京都で1軒、やはり夫婦で経営しているホテルがありましたが、そことはまた違う趣のホテルでした。オーナーの旦那さんはアスレチックを説明してくれたりして、とても優しい感じの方でした。ただ、ホテルが分かりにくい所にあったのが困りました。

子供の絵の方が気になった

翌日、尾道から「しまなみ海道」を通って四国の今治市まで行きました。なぜまた四国に渡るのかって？　それは今治タオルで有名だから、タオルの生産現場をこの目で見たいと思ったからです。尾道から尾道大橋を渡って向島、因島、生口島に渡りました。すると生口島に平山郁夫美術館があったのです。ラッキー！　あの平山郁夫の絵が旅の途中で見られるなんて。早速行ってみました。

普通の家のような門を入って行くと美術館が見えてきました。中に入ると、まず廊下の左側に子供達が描いた水彩画が目に留まりましたが、その奥にある、ここのご主人の平山郁夫の絵も見ないといけません。平山郁夫の絵を堪能してから、ふたたび子供達が描いた絵を念入りに見ましたが素晴らしいですね！　構図といい色といい、その自由に描いている所が良いですね。影をつけるとか、遠近とか立体感も関係なく描いています。私もこのように自由奔放に描ければいいなあと思いました。

今治城の銅像はりっぱでした

その後いくつもの島を通り、最後は来島大橋を通って今治に着きました。

今治市内を通って、タオルの製造所を探していたのですが、なかなか見つかりません。

そうこうしていると今治城があったので立ち寄ることにしました。

今治城は藤堂高虎が瀬戸内海に面した海岸に築いた大規模なお城です。海に近いお城も珍しいですね。お城の周りにはお堀があり結構広い敷地でした。城内に入っていくと、広場には馬に跨った藤堂高虎の銅像がありました。銅像なのですが、しっぽの毛や手綱、馬の脚など細かい所まで作られていました。

天守閣も高く下を見下ろすと、藤堂高虎の銅像が見えて、今治の街並みの向こうに海と来島大橋が見えました。尾道に帰る時も「しまなみ海道」を通って来ましたが、この周辺には大小の島がいくつもあって眺めが良い所ですね。

千光寺上の展望台から見た景色は良い眺め

尾道に戻って千光寺に行きました。千光寺のそばからロープウェイが出ているので、山の上から尾道を眺めようと思ったのです。ロープウェイの発着場に行くと、日曜日ということもあって人が多くて並んでいました。

ロープウェイは千光寺の真上を通っていく感じで上に登っていきます。展望台からは尾道市の全体が見渡せました。展望台の左手には尾道水道の東側が見えて、右手には尾道市の街並みと尾道水道西側、その向こうに瀬戸内海に浮かぶ島々が見えました。

尾道市は、尾道水道という海を挟んで向かい側に向島があり、背後は山に囲まれています。市内には電車も走っており道路も狭いですが、そのロケーションから独特な風景が見られる美しい街でした。

25話

お好み焼きと原爆ドーム

11月28日

原爆ドームと核兵器

広島に着いた翌日、まず「原爆ドーム」を見に行きました。この建物は原爆が投下された当時は広島県産業奨励館として、官公庁の事務所として使われていたそうです。

爆心地から約１６０ｍの至近距離にあって被爆して全焼し、当時建物の中にいた職員は全員即死したとのことです。原爆ドームの横には元安川が流れていて、原爆投下後には被爆した人々が水を求めて来たり、死体が数多く浮かんでいたといいます。ただ、今の原爆ドームの周りには近代的なビルが建ち並んでいて、当時のすさまじさを思い浮かべることはできませんでした。

次にすぐ近くにある「平和記念資料館」も見学しました。外国の要人が来日した時に献花する所で、手を合わせて資料館へ入りました。資料館では被爆資料や遺品や証言などを通じて、世界の人々に核兵器の恐怖や非人道性を伝え「ノーモア　ヒロシマ」を訴えています。

原爆が投下されたその日のうちに7万人が、その年の12月までに7万人が、合計約14万人が死亡したと言われています。まったくアメリカは酷いことをしたものです。何の罪もない市民への攻撃です。しかも3日後には長崎にも原爆を投下しました。しかし一番悪いのは、当時の日本軍部です。早く降参していれば原爆を投下されることもなかったかもしれません。今も世界の各地で戦争が続いていますが、二度と核兵器が使われないように祈ります。

呉市は面白い

原爆ドームを後にして広島城を見にいきました。しかし、場内には駐車場がなく、周辺で有料駐車場を探しましたが、近くにはなかったので一旦あきらめ、呉市に向かうことにしました。

呉市には海上自衛隊呉地方隊があって、海軍時代からの歴史の息吹が感じられる街だそうです。呉市のクレイトンホテルに向かいました。なぜクレイトンホテルにしたと思いますか？　それはですね、このホテルで海自カレーを食べられるからです。私はカレーが好きなのです。ホテルに着いてフロントに行くと、近くの柱の所に船の名前が付いたカレーが3種類表示されていたので、私は「補給艦とわだ」のカレーを選びました。そしてそのカレーの種類ごとに料理店が違うのです。私は2階の和食店で食べましたが、雰囲気も落ち着いていて美味しかったですよ。ちなみに代金は１４３０円でした。サラダ、温泉卵、ラッキョウ、プリンなどが付いていました。

その後、クレイトンホテルからマイクロバスに乗って「大和ミュージアム」と「くじら館」に行き呉港も見てきました。大和ミュージアムでは「戦艦やまと」や「ゼロ戦」の大きな模型が展示されていました。「くじら館」は潜水艦の型をしていたので目立ちますね。中に入ると海上自衛隊の仕事が分かるような展示がありました。帰りもクレイトンホテルからマイクロバスが迎えに来てくれて助かりました。サービスが良いですね。

広島市内に戻ってからもう一度、広島城を見に行きました。夕暮れ時で少しうす暗くなりつつありましたが、なんとか道路に車を停めて姿だけ見ることが出来ました。周りにお堀があって天守閣があり、5階建てくらいの高さでした。残念ながらお城の中を見ることは出来ませんでしたが、駐車場がないのと有料駐車場が遠いので、公共交通機関を使った方が良いと思いました。

広島のお好み焼きを食べたい

広島と言ったら皆さんもお好み焼きを思い浮かべるでしょ？　私も広島に来たらぜひお好み焼きを食べたいと思っていました。最初は広島に着いたその日、ホテルの近くにあったお好み焼き屋さんに入りました。そこはテーブルに鉄板が置いてあり、客が自分で焼いて食べるようになっていました。自分で焼いて食べたのですが、思っていた感じとちょっと違うなと思いました。

次の日はホテルから歩いて繁華街の方へ行き、別のお好み焼き屋さんを探しました。ところが広島にはお好み焼き屋さんが多いと思っていたのですが、なかなかなくてやっと見つけたお好み焼き屋さんに入りました。そこは客が自分で焼くのではなくて、お店の方が焼き、それをお皿に乗せたものが出てきました。ふーむ、お好み焼きは自分で焼きたいですね。

26話 オリンピックを目指して

11月29日～30日

雨がそぼ降る錦帯橋

雨の中、広島を出発して山口県の山口市に向けて車を走らせました。廿日市市、大竹町を通って岩国市に着きました。岩国市ではぜひ「錦帯橋」を見たいと思っていたのです。

「錦帯橋」に着くと小雨が降っていましたが、道路から川の方に下って河原の駐車場に車を駐めました。バスが1台駐まっていましたが人は少なかったです。

「錦帯橋」は5つの木造の橋が連なる構造で、そのうち中央の3連は迫持式《せりもちしき》と言われるアーチ構造です。両端の2つの橋は反りを持った桁橋《けたはし》構造だそうです。度重なる橋の流失を乗り越え、しかも木造にこだわって現在の「錦帯橋」が出来たのです。長崎の眼鏡橋も参考にしたようです。

小雨の中「錦帯橋」を渡りました。川の名前は錦川というのですね。約200mの川幅があり大きな川です。ちょうど橋のそばの木が紅葉していて、その紅葉と「錦帯橋」の組み合わせが絵になっていました。雨に煙る「錦帯橋」はなかなか良かったです。

ちょうどお昼になったので、近くで食事が出来る所を探していたら、1軒のお土産屋さんが食事を提供していたので、そこで岩国寿司の定食を頂きました。岩国寿司というのは押し寿司でした。

オリンピックを目指して

岩国市から海沿いを南に下って行くと周防大島という島があって、そこを過ぎると柳井市に入って行きました。この辺は海の景色が綺麗です。市内を走っていくと白壁の家並みがありました。調べてみると柳井市には江戸時代の商家の家並みが続いているところがあるそうです。さらに走っていくと、お目当ての柳井市立中学校がありました。実はここ、私の孫娘が通っている中学校なのです。

孫娘はバドミントンをやっています。宗像市の小学校を卒業してからバドミントンを強くなりたい一心で、柳井市のこの中学校に転校したのです。近くにある柳井商工のバドミントン部が強いので、その監督さんの家に住み込んで練習するために柳井中学に来たのでした。小学校を卒業して、すぐに親元を離れて知らない土地に来て1人で生活するのは、なかなか出来ないことです。それだけバドミントンが強くなりたいという気持ちが強かったのでしょう。柳井商工は全国でもバドミントンはトップクラスで、その高校にも行って練習をしているようです。

2023年の9月の全国中学校バドミントン大会が四国の高松市で行われ、私も福岡から応援に行きました。孫娘は中学2年生で個人戦で決勝まで勝ち残りました。決勝の相手は3年生で去年の優勝者です。試合は1勝1敗で迎えた第3セットで孫娘が最後に逆転して勝ちましたが、見ていてハラハラドキドキしました。

自分の孫娘のことで言うのもなんですが、こんなに見ている人に感動を与える試合が出来るなんてすごいと思いました。最後まで試合を諦めないその心が素晴らしいですね。将来のオリンピック出場を目指して今も練習に励んでいます。

ちなみに妹がいまして、現在小学校5年生ですが、やはりバドミントンをしています。この子も先日の全国小学校バドミントン大会5年生の部で優勝しました。

ちょうどその日は、孫娘はバドミントンの試合で、中学校にはいないと聞いていましたが、柳井中学校の前で孫娘の名前を呼んでみたのでした。

山口市の湯田温泉

山口市に泊まった翌日、山口市の観光に出かけました。気温14度で風が強くて寒い日でした。まず維新100年公園に行ってみました。ここは山口国体のために建設されたそうで、緑に囲まれた広い敷地にたくさんの競技場がありました。

武道館、弓道場、野外音楽堂、テニス場、陸上競技場、ラグビー場、サッカー場など、これだけの競技場や施設が1か所に集中してある所は少ないですね。

朝から寒かったので温泉で温まろうと、湯田温泉に行くことにしました。温泉街でどこに入ろうかと探していると「西の雅　常盤」という旅館がありました。ここの温泉に入ることにしました。露天風呂など4種類くらいの温泉があり、どれか選んで入れるようになっています。ちなみに泉質は単純アルカリ性温泉です。お風呂にはお客さんは誰もいなくて私の貸し切り状態で、ゆっくり浸かることができました。その後、近くの食堂で親子丼を食べました。親子丼はリーズナブルで食べやすいのでついつい注文してしまいますね。

その後、山口大学に寄ってみましたが、学生たちの姿は少なかったです。大学の門を出て左側の方に車を走らせると、左手に大学のテニス部の練習場が見えてきました。ところがそこにテニスコートがたくさん並んであったので驚きました。学生の数が約1万人ですから、そのくらい必要なのかな？

山口市を後にして、瀬戸内海に沿って宇部市、山陽小野田市を通って、夕方に関門トンネルを通過して再び宗像市に帰ってきました。宗像を出発したのが9月7日だったので約84日振りの宗像です。

これから九州を一周する予定ですが、その前に一度宗像市に戻ることにしたのです。

その日は、病院の2階に泊まりました。コロナの感染のこともあって家には戻らないようにしたのです。

27話 九州一周（前編）

12月3日〜7日

海洋エネルギー研究所があった

朝、妻が作ってくれたおにぎりを食べて病院を出発しました。宗像から3号線を南下し、佐賀県鳥栖市を通って上峰町に入りました。この辺に来ると農地が広がっていて農業が盛んな佐賀県の様子が伺えます。二条大麦の収穫量は日本一だそうです。神埼市では小川というかクリークがある場所がありました。「直鳥《なおとり》クリーク公園」では小川や沼があってカモが泳いでいました。

佐賀市内を通って小城市へ行きました。小城市は佐賀県のほぼ中央に位置し小城羊羹で有名です。小城市から佐賀市内に戻って来ると「佐賀県立森林公園」があったので寄ってみました。そこには大きな広場があったり、池があったりして市民の憩いの場所になっていました。その後、佐賀駅前のホテルに行きましたがホテルの駐車場が少し離れていたり、ホテルのお客さんが多かったりしてチェックインまで時間がかかりました。

翌日はホテルを出発して、朝もやの中を西を目指して走りました。途中で渡った嘉瀬川は一級河川で、毎年11月にこの河川敷で開催されるバルーンフェスタで有名です。

小城市、多久市を通って伊万里市へ。伊万里市は陶器で有名な街です。途中で陶器を見たいなと思って車を走らせますがなかなか陶器店が見つかりません。そのうち伊万里市を抜けて海岸沿いに走っていると、右手に大きな建物がいくつか見えてきました。そこは「佐賀大学・海洋エネルギー研究所」という所でした。海洋温度差発電システムと波力発電システムを中心とした海洋エネルギーの研究を行っている施設だそうです。佐賀県にこんな施設があるなんて初めて知りました。

ラグビー部の仲間と再会

その後は長崎県の松浦市を通り、平戸大橋を渡って平戸市に着きました。平戸湾まで行ってフェリーの発着場のそばの食堂で昼ご飯を食べました。そして平戸湾を見下ろす平戸城に登ってみました。平戸城は小さいお城ですが小高い丘に建っているので天守閣からの眺めは良かったですよ。平戸湾から外海に出るところまで見えました。その後は平戸市を後にして、佐世保市に向いました。

佐世保市では軍港である佐世保港を見学したかったのですが、どうやら港には車で行けないようです。佐世保も長崎と同じように平地が少ない所なので家が山の斜面に建っていますね。市内を走りながら船が見える所を探したら、ようやく小高い所から港を見ることが出来ました。造船所に軍艦が停泊していました。

それからは今夜泊まる長崎を目指して車を走らせました。途中、西海橋を渡ったとき、中学生の頃に自転車で長崎から西海橋まで来たことを思い出しました。片道50ｋｍくらいだったかな。長崎市内に近づくに連れて車が多くなって来ましたが、夕方6時頃にホテルに到着しました。

事前に長崎南高ラグビー部同期の平に連絡して、ラグビー部の仲間と会食することになっていましたので、チェックインしてタクシーでお店に向かいました。お店には平と白石、田川の3人が来てくれていました。平と白石は同級で田川は1年後輩です。平と白石はフォワードでした。その夜は4人で美味しいお酒と料理で楽しい時間を過ごしました。こうやって昔の仲間と一緒にお酒を飲むのは一番気が休まるというか、とてもいいですね。

孤独な旅が一気に癒されます。帰りは平が一緒にホテルまで来てくれました、平はやさしいな、ありがとう。

昔、住んでいた大浦の町

翌日は大浦の松が枝町にある山口の仕事場を訪ねました。山口は梅香崎中学校の3年生のときの同級生です。彼はテニス部で私は卓球部、中学時代はあまり話したことはなかったかな。だいたい私は無口な方で、同級生と話すことは少なかったです。

それでも歳を取って人と話すことがいかに大事なのかということが分かりました。話すということは、相手に興味があるんだと知らせることになりますし、自分がどういうふうに思っているかを知ってもらえます。

山口は布団屋さんを営んでいます。「最近はなかなか商売の方も厳しい」と言っていましたがなんとか頑張っているようです。山口は若くして奥様を亡くしました。私も奥様とは中学2年生のときに同じクラスだったのです。バスケットをしていて活発な女性でした。山口は優しいからいつまでも奥さんのことを想っているように思います。松が枝の工場に行くと、山口はお兄さんと一緒に働いていました。そこの駐車場に私の車を置かせてもらって、私は南山手町の昔住んでいた所に向かいました。

松が枝町の方から石畳の坂を登って行くと大浦天主堂があり、その左手の方に細い小径があるのです。そこから大浦天主堂の横を通って、上に登って行く階段と細い石畳の道を行くと、その道を挟んで天主堂の反対側に墓地があります。この墓地と大浦天主堂の横の坂道は私たちの遊び場でした。水島と学校からの帰り路に必ずここの墓地に入り込んで、墓石の上で寝転んだり向かい側から墓場の方に伸びてきている木の実を食べたり、まるで猿のようなことをして遊んでいましたね。いい思い出です。

その坂を登ると左側に視界が開けた場所があります。眼下には梅香崎中学校や活水女子短大など大浦の町の全体が見渡せます。そして私の後ろ側には、今はもうありませんが私が中学校の時に住んでいた海上保安部の官舎があったのです。父親が海上保安部に勤めていました。現在はその官舎はなくなっており、洋館が建っています。

そこからもう少し上の方に登ると、左手に今も水島の家があります。彼の弟が長崎に住んでいるそうですが、庭から声を掛けても返事はなく誰もいませんでした。さらに上の方に階段を登って行くと右側にグラバー邸に入る裏門があり、左手には大浦に通じているエレベーターがあります。昔はこの裏門もエレベーターもなく、裏門の先の辺りに空き地があり、そこでよく野球をやっていました。また眺めも良くて長崎の港の全体が見えて、向かい側には稲佐山が見えていました。

階段を大浦の方に降りていき、石橋の商店街を通り抜けると石橋の電停があって、もう少し行くと山口ふとん店があります。さらに先に行くと右手に孔子廟があり、昔は左手にパン屋さんがあって塩パンとかよく買って食べたものです。今はパン屋はなくなっていました。そこを右手に歩いて行くと梅香崎中学校があります。中学1年生の時は上級生が怖かったですけど、今はどうなのでしょうか？

お昼になったので松が枝の「四海楼」に行ってみましたが満員でしたので「ＡＮＡクラウンプラザホテル」で皿うどんを食べました。うどんと言ってもパリパリ麺の上に餡がかけられている料理です。やはり長崎に来たら皿うどんを食べないとね。そして松が枝の工場に戻ると、山口はまだ働いていましたが、別れを告げて私は雲仙に向かいました。梅香崎中学の同窓会で会う山口や瓜生や松本達はいつも優しくしてくれます。やはり長崎の人は優しいです。

雲仙温泉　青雲荘のにごり湯はいいね

山口と別れてから雲仙を目指して出発しました。長崎市から海が見える網場町に行くのです。ここには毎年夏になると泳ぎに来ていました。背中が真っ赤になって触ると痛くて、クラスの友達とよく背中を叩き合いしていました。

右手に海を見ながら小浜町まで来ましたが景色がずっと良かったです。小浜町は温泉の街で道路のあちこちで温泉の煙が噴き出ています。

小浜町から山の方に入っていき雲仙の温泉に向かいました。カーブをいくつも曲がって雲仙温泉に着きました。案内所の横に温泉の煙が噴き出ている所がありました。

雲仙では前もって調べておいた「青雲荘の濁り湯」に入る予定です。ほどなくして目的の青雲荘に着きました。外は寒かったですが、青雲荘の建物は新しく中も綺麗にしていました。受付で入湯料８００円を払ってお湯に入りましたが、人は少なくお湯は白く濁っていて硫黄の臭いがしました。お湯は柔らかくまろやかで、肌がつるつるしてきました。良い湯ですね、最高です。以前、栃木県で入った濁り湯を思い出しました。

露天風呂にも入りましたが、外は寒かったので長くは入っていられませんでしたが、今まで入った温泉の中でも上位に入りますね。来て良かった！　その後、島原方面に出て海を右手に見ながら丘の上にある道路を北上して今夜泊まる諫早市に向かいました。

うなぎを食べたいし、温泉にも入りたい

諫早市を出発して熊本に向かいました。まず大村市方向に行き、山の中を走って有明海側の鹿島市に行きました。ここには祐徳稲荷神社があるのです。これまで行ったことがなかったので寄ってみることにしました。ここは日本三大稲荷の１つで衣食住の守護神として信仰されているのです。参拝者も多く、極彩色の華麗な威容は大きさといい見事でした。

次に行ったのは柳川市です。柳川でうなぎを食べるのを楽しみにしていたのです。お店の名前は「日の出屋」さん。昼すぎにお店に着きましたが、お客さんはそれほど混んでなくて、うなぎ

の「せいろ蒸し」を注文しました。「せいろ蒸し」がご飯も味が付いていて好きなのです。

久しぶりにせいろ蒸しを食べましたが、やっぱり美味しかったです。月に1回くらいは食べたいですね。ちなみにお値段は3200円。そんなに高くないでしょ。

さて、うなぎを食べた後は温泉に入りに行きます。熊本に向かって南下していると「三加和温泉」という屋号の温泉があったので車を止めてみました。ここは初めてだな～。

入ってみたかったけど今日は山鹿で温泉に入る予定にしていたので、我慢して入らずに山鹿へ向かいました。

山鹿市に入って向かったのは「さくら湯」です。ここには何回も来ているのですが、源泉でお湯がぬるいので、長く入っていることが出来るのです。待合室に入ると人が割合たくさん座っていました。私も座って順番が来るのを待っていると知っている顔がありました。樽見先生です。

樽見先生は、獣医さんで福岡県酪連久留米診療所に勤めていて、年齢は私と同じくらいです。奥さんと一緒に温泉に入りに来られていました。話してみると時々来ているとのこと。今回の旅で知人に偶然会うのは初めてです。久留米から山鹿までは割合近いですからね。温泉に浸かって温まった後は熊本市を目指して再び車を走らせました。

熊本城

熊本に泊まった翌日、熊本城を見に行きました。熊本城は加藤清正が築城したお城です。午前9時過ぎでしたがもう修学旅行のバスが停まっていて学生がたくさん来ていました。熊本城はまだ改修中でしたが、改修中でも見学できるように通路が出来ているのです。

完全復旧は2052年までかかると言われていますが、そのうちの2割に当たる天守閣と長塀だけはすでに復旧しています。

その天守閣ですが、やはり綺麗ですね。黒い壁に白い屋根が調和していて、上品な雰囲気を醸し出しています。日本中見ても白い屋根といえば、金沢城ですが金沢城には天守閣がありませんからね。天守閣からは熊本市内も一望できましたが、私が行ったときに綺麗だったのは城内の銀杏の木です。ちょうど黄色く色づいており、木の根元に美しい黄色の絨毯が出来ていたのです。

28話 九州一周（後編）

12月7日～12日

水俣市からシェパードへ

熊本を出発してから宇土市、八代市を通って芦北町の海岸に来ました。ここの海岸もきれいですね。そして昼過ぎに水俣市に到着しました。水俣市は皆さんご存じのように水俣病が発生した所です。まずは水俣病のことを知るため、水俣病資料館に出かけました。

水俣病は水俣湾周辺の化学工場から海や川に排出されたメチル水銀化合物により汚染された海産物を住民が長期に渡り日常的に食べたことで水銀中毒が集団発生した公害病です。多くの人々が水俣病で苦しみました。資料館の方に聞くと、現在の水俣湾は海底の土を入れ替え、すっかりきれいな海になったそうです。私が行った時は来館者は私1人でした。

水俣市を出て鶴で有名な出水市を通って阿久根市に来ました。ここではシェパード中央家畜診療所に寄りました。ここの所長は松本大策先生です。事前に電話しましたが残念ながら出張中とのことで、副所長の蓮沼先生とお会いして話をしました。

シェパード中央家畜診療所にはこれまでに2回ほど見学にお邪魔しています。松本先生の診療車に同乗して一緒に診察に回ったこともあります。松本先生のオープンなところ、知識が豊富なところに興味を持ち、診療所や先生の診察の様子を見たくなったのです。副所長の蓮沼先生も講習会の講師を務めるほど経験豊富な先生です。蓮沼先生と1時間ほどお話をして診療所を後にしました。蓮沼先生、お忙しいところありがとうございました。

夕方、薩摩川内市のホテルに到着しました。

楽しみにしていた砂蒸し風呂

今日は薩摩半島を一周して鹿児島市に向かいます。串木野市を通って吹上浜海浜公園を見て、南さつま市を通って枕崎市に着きました。

枕崎市は漁業で有名なところで、まず港に行きましたが、漁に出ているのでしょうか、漁船の数は少なかったです。枕崎市から海岸に沿って走っていると、道路のそばに「薩摩酒造」の工場がありました。焼酎の「白波」が有名ですね。そして、開聞岳が海岸沿いに見えました。頂上に雪はないですが姿が富士山に似ています。

今日の目的は砂蒸し風呂体験です。ネットで探したら指宿にある「白水館」で砂蒸し風呂に入れるとのことでしたのでそちらに向かいます。

「白水館」は松並木の中にある大きな旅館でした。更衣室で真っ裸になって浴衣を着て、砂蒸し風呂に向かいました。

私は砂蒸し風呂というは海岸にあるのかと思っていましたが、ここでは砂蒸し風呂の部屋があり、数人の係の方がいて、私は蒸された砂の上にあおむけに寝ました。係の方が私の体に蒸した砂をかけていきましたが、砂が結構重いので圧迫感があります。そして意外とこれが熱いのです。

その間に記念写真を撮られました。お金を払えば自宅に郵送してくれます。係の人が和傘を頭の所に立てて、私は笑顔を作って写真を撮ってもらいました。写真は後で自宅に送られて来ましたが砂が重いのと熱いのとで顔が少し引きつっていました。

蒸し風呂に入っていたのは10分足らずでしょうか、我慢できなくなり蒸し風呂を飛び出して、隣にあるお風呂場に行って砂を洗い流し、お風呂に浸かりました。もう少し温度を低くして砂も軽めにかけてくれたら、もう少し長く砂蒸し風呂を体験できたのにと思ったのでした。

夕方、鹿児島市のホテルにチェックインして鹿児島で働いている獣医師の大川先生と食事をしました。大川先生は以前、福岡県酪連に勤めていましたが、退職して現在は鹿児島で牛の受精卵の採卵・移植をする会社で働いているのです。

ご実家が宗像市の私の病院の近くで、大学生のときにはうちの病院で研修をしたこともあります。久しぶりにお会いして美味しいお酒が飲めました。大川先生、ありがとうございました。仕事頑張ってください！

桜島をぐるっと一周

翌日は鹿児島市を出発して今日の目的である桜島をぐるっと一周します。今までも鹿児島に来たことはありましたが、ゆっくり桜島を眺めることはなかったのです。今回はなるべく多くの方角から桜島を眺めたいと思っていたのです。

まずは鹿児島市内から桜島を見ました。桜島の西側になります。噴火口からの煙が左側にたなびいていました。そこから鹿児島湾に沿って北上して次は霧島市から見ました。おおよそ桜島の北北東の位置になります。今度は煙が桜島の右側に流れていました。次に垂水市の北部にある「道の駅たるみず」から眺めましたが、煙はまだ右側に流れていました。先程より少し短めの煙になったでしょうか。

最後は垂水市内から眺めると、やはり桜島の右側に短く煙が流れていました。いつもは鹿児島市内から桜島を眺めていましたが、垂水市の手前から見た桜島は、近いこともあり大きくて見えて火口付近もはっきりと見えました。そして緑色の裾野も見えて海には漁船がいっぱい浮かんでいて、いつもと違った桜島の雄姿を堪能することが出来ました。

宮崎の奇岩は謎

桜島を後にして佐多岬を目指して南下して行きました。しかし佐多岬まで約35ｋｍの南大隅町まで来て、車や人の通りが減ってきたとき、急にこれ以上は半島に行きたくないという気持ちになったのです。午後4時頃でした。往復1時間以上もかけて、またここに戻って来るのがなんだか億劫になってきたのです。こういうことは今回の旅では初めてのことでした。結局そこからUターンして、今夜泊まる宮崎県都城市を目指しました。

都城のホテルには夕方の5時過ぎに着きましたが、事前に連絡していた新穂《にほ》が来ていました。新穂は大学の同級生です。最初は宮崎の農業共済組合で牛や豚の診療をしていましたが後に開業しました。今も現役で仕事を続けているそうです。都城は宮崎県内でも酪農や牛の肥育、繁殖、それに養豚が盛んなところで飼っている頭数も多いのです。

新穂とは大学時代に住んでいたアパートが近かったこともあり、気が合ってよく一緒にいました。風呂に行ったり食事をしたり麻雀もよくしたなあ。徹夜で麻雀したことも度々ありました。考えたら大学を卒業してもう50年も経ってしまったのか。昔話に花を咲かせながら一緒に食事をしました。新穂、元気でな。

翌日は都城から宮崎市を目指して出発です。今日は「青島」「鵜戸神宮」を見に行きます。昼前に「青島」に着きました。やはりお客さんが多いです。昔、宮崎といえば新婚旅行のメッカでしたからね。ちなみに私たち夫婦はグアムに行きました。まあ私のことはどうでもいいんですけど。

まず弥生橋を渡って神社の方に行きます。橋の左右に黒い洗濯板のような形をした岩がずらっと並んでいました。近づいて見ると何層もあって岩の表面には奇妙な模様が出来ていました。これらは「鬼の洗濯板」と呼ばれ、大昔に海底にあった地層が地殻変動によって水面に現れ、波や海水に浸食されてできたものらしいです。この「鬼の洗濯板」は「青島」の周囲と「日南海岸」の海岸線に見られるということです。なんだか不思議ですね、海水の浸食によって出来るなら全国でも見られるはずですが「青島」と「日南海岸」だけなんですから。

鳥居をくぐって「青島神社」にお参りしました。帰りにも洗濯板の近くに行ってみましたが、なんとも不思議な模様です。お昼になったのでレストランで海鮮丼を食べましたが、やっぱり、青森や余市で食べた美味しい海鮮丼が忘れられません。

その後は車で日南市の方に南下し、「鵜戸神宮」に行きましたが、行く途中にも洗濯板のような岩が何度も見えました。「鵜戸神宮」は崖を少し下った所の洞窟の中に神社がありました。神社自体は小さいのですが変わっていますね。

そして有名なのが「運玉投げ」です。本殿前の広場から12m下の亀のような形をした岩があり、その背中に窪みがあって、男性は左手で、女性は右手で「運玉」を投げます。運玉が入れば願いが叶うと言われているのです。私も挑戦しましたが1個も入りませんでした。ちなみに「運玉」は5個で200円でしたが、見ていると何回も投げる人がいましたね。そしてその亀のような石も周りの石も、変わった突起というかキノコみたいな形をした隆起があるんです。ほんと不思議です。私には「運玉」よりも「青島の洗濯板」の形や「鵜戸神宮」の奇岩のほうが気になりました。

宗像市へ帰る

宮崎市から宗像に帰る途中、延岡市と大分市に泊まりました。大分県杵築市の海岸線を走っていたら手前にお城が見えてきました。「あっ、こんな所にお城があるぞ！」

車を停めてお城に向かいました。高校のグラウンドの横を登っていくと、門があってその先に小さなお城がありました。杵築城です。ちゃんと3層の天守閣があり、登ってみると眼下には別府湾が広がっています。天気も良くて穏やかな海です。海のそばでもあり絵になるお城でしたね。その後は国東半島を周って宇佐神宮に寄ってから宗像を目指しました。宗像に一度戻り、次の目的地・沖縄に行くための準備をするのです。

宗像市に着いた翌日、まずは午前中にＲＡＶ４をフェリー会社に持って行きました。車はフェリーで送って私は飛行機で沖縄に行くのです。実は私は船に弱くてすぐに酔ってしまうのです。ＲＡＶ４には悪いけど私は飛行機で行くことにしました。

「沖縄で会おう」とＲＡＶ４に声を掛けると、ＲＡＶ４から「自分だけ飛行機でズルい」と言われたような気がしました。

帰りはタクシーと電車で宗像に帰って来ましたが、なんだか片腕を失ったような変な感覚でした。今までの旅の間、毎日一緒だったからね。少しの辛抱だ。そして昼からコロナの5回目のワクチン接種を受けました。翌日は雑用を片付けて明日の出発に備えました。

29話

沖縄編

2022年12月15日～2023年3月1日

ホテル Mr. 金城

沖縄の那覇市に午前中の飛行機で到着しました。午後にはフェリー会社でRAV4と再会しました。3日間の「船旅はどうだった」と声をかけると「船酔いしてきつかったよ」と不満顔。まあ、そう怒るなよ。またこれから沖縄で一緒なんだから。

それから読谷村の神谷さんの家に行きました。青森のホテルの駐車場で「沖縄に来たら連絡したらいいさ」と名刺を頂いたので早速訪ねたのでした。沖縄には2か月余り滞在しようと思っていましたので、長期に滞在できるホテルを紹介してもらおうと思ったのです。

名刺の住所をナビに入れて訪ねていったのですが、読谷村の残波岬は遠くて結構時間がかかりました。それに大きなホテルの近くまで来ましたが神谷さんの家が分かりません。連絡を取ると奥さんがわざわざ車で迎えに来てくださり、なんとかお宅に着きました。

神谷さんの家の玄関には人間の高さくらいもある大きなシーサーが据えられていました。神谷さんに「長く滞在できるホテルを知りませんか」と聞くと、近くにあったあの大きなホテルが良いよと言われたので、奥さんと一緒にホテルを見にいきました。

支配人の方にホテルを案内してもらったのですが、部屋は豪華で1泊1万円以上するとのこと

で、金銭的に長期滞在するには無理でした。でも神谷さんとはこれをきっかけにこの後もお世話になることになったのです。

それから那覇に戻って予約していたホテルにチェックインをして、夕食は友達の久田さんと食事をしました。久田さんは以前、北九州市若松区にあった乗馬クラブで働いていた方です。私が馬の診療に行くことがあった縁で知り合いになったのです。

その後、実家がある那覇に帰られたのですが、毎年年賀状を頂いたり、飼っている犬の相談に乗ったりしていました。沖縄で唯一の知り合いでしたので頼りにしていたのです。

久田さんとの食事の際「長く滞在するなら南の方が暖かくて良いかもしれないよ」とアドバイスしてもらいました。

翌日、長期滞在型のホテルを扱っている不動産屋に行って相談するとMr. 金城というホテルが良いかもしれないと言われました。早速、沖縄の南に位置する糸満市にあるMr. 金城に連絡して見に行くことにしました。

ホテルの6階に上がると近くに海が見えて、眺めが綺麗でした。よし、ここに滞在することにしよう！　部屋代が1日4500円に駐車場代800円を加えて1日5300円です。近くにはスーパーもあるし、綺麗な海も近いので良い物件が見つかって良かった。

夕食の弁当を近くのスーパーで買って、再び那覇市内のホテルに戻りました。

次の日、栃木の米良さんに紹介してもらった空手部の先輩・大城さんと会うことにしました。午前中にホテル前のメインプレイスで待ち合わせをして、近くにある沖縄県立博物館に行きました。大城さんとは大学在学中、一度道場でお会いしたことを覚えています。その時に沖縄出身と聞いていました。当時81歳になられますが、まだ仕事をされているということでした。

翌日の午前中、沖縄で滞在することになった糸満のMr.金城に行きました。

ＲＡＶ４に積んでいた家財道具を部屋に運び込み、早速近くのビーチに行ってみました。コバルトブルーの海の色がきれいなビーチで改めて感激しました。ホテルから歩いて行ける距離にこんな綺麗なビーチがあるなんて最高です！

昼食はホテル近くの沖縄そばの専門店で「本ソーキそば」を食べました。ソーキそばというのは豚肉のスペアリブが乗っているそばです。食べてみると豚肉が柔らかくて美味しかったですよ。夕方近くのスーパーで日用品を買いそろえ、いよいよ沖縄での生活が始まったのでした。

大学教授の出現

12月20日は私の71歳の誕生日でした。朝、沖縄のホテルで誕生日を迎えて、自分に「おめでとう」と言い、近くのビーチを散歩していたら、佐野先生から「お会いしませんか」とメールが来たのでお会いすることにしました。佐野先生とは、私がまだ福岡にいる時にフェイスブックで友達になっていて、佐野先生は沖縄にお住いなので、以前、長期滞在出来る所を聞いたことがあったのです。その方と沖縄で会えるとは思ってもいなかったです。佐野先生は琉球大学農学部亜熱帯地域農学科教授をされている偉い先生なのです。

糸満市にある「道の駅いとまん」で待ち合わせをしましたが、車はＲＡＶ４ですと伝えていたのですぐに見つけてくださいました。実はこのときが初対面でしたが、気さくな方で気を遣うようなこともありませんでした。「道の駅いとまん」を案内して頂き、昼ご飯をご馳走になりました。私は沖縄のがめ煮定食を食べましたが量が多くて食べきれませんでした。佐野先生は肉が薄く着いた骨が一杯入っている定食でした。その後、道の駅を出発して、佐野先生の車で南城市にある「あざまサンサンビーチ」、琉球王国最高の聖地である「斎場御嶽《せーふぁうたき》」、海の景色が綺麗な「知念岬」を見て回り、奥武島《おうじま》では美味しい天ぷらを食べ、その次に「具志川城跡」「喜屋武岬」とたくさん案内して頂きました。

夕方、道の駅に戻ってきてお別れしましたが、佐野先生、おかげさまで素敵な誕生日になりました。本当にありがとうございました。夜には、オーストラリアに住んでいる娘夫婦からＬＩＮＥでもお祝いメッセージが届きました。祝ってくれて、ありがとう。

コンビニでバイトをする

これから来年の2月末まで、2か月余りを沖縄で過ごす計画でしたが、何かやらないと時間を持て余すと思っていました。せっかくなので地元の人とも交流したいと思っていました。この日本一周の旅の目的の1つは「友達を作る」ことでしたから。それでバイトをすることを思いつきました。まずは近くの糸満市役所に出かけ、求人情報を調べましたがいい仕事が見つかりません。それならと道の駅、コンビニ、スーパーと順々にバイトを募集していないか聞いて回りましたが、求人はないとのこと。それはそうでしょうね、私のような年齢の者を採用する所なんてなかなかないですよね。若い人の方が良いでしょうから……。

あっ、そういえば、Mr.金城の近くにローソンがあったはずです。どうせダメだろうと思いながら、お店に入ってレジの人に「バイト、募集していませんか?」と聞いてみると「中にオーナーがいるので、オーナーに聞いてください」と言われて控え室に案内されました。

そこには70歳台と思われるオーナーがいました。一見怖そうな表情ですが、話してみるとそうでもありませんでした。

「私は獣医師で、日本一周の旅の途中で、沖縄には2か月くらい滞在して地元の人とも交流したいのでバイトで雇ってくださいませんか」とこちらの事情を話すと、オーナーは興味深そうに笑顔で話を聞いてくれました。最後に「じゃあ、履歴書を持って来るように」と言うのです。すぐに履歴書を買って写真を貼り、記入してふたたびローソンに持参しました。履歴書を書くなんて何10年ぶりでしょう。

するとその日の夕方、オーナーから電話がありました。明日から出勤するようにと言うのです。こうして無事、バイトに採用されたのでした。

翌日からコンビニでの仕事が始まりました。ローソンのユニホームを着て名札には初心者マークが貼ってあります。就業時間は午前8時から12時までと午後は1時20分から5時までです。最初の日は、オーナーからオリエンテーションがあり、レジ打ちの練習を1日中やっていました。

次の日はバイトの女子高生と一緒に仕事をしましたが、女子高生と一緒に仕事をして話すなんて新鮮な経験でした。分からない所は親切に教えてくれるし皆さん優しいのです。

バイト初日のその日はクリスマスイブでしたので、独りですがケーキくらいは食べようとスーパーでショートケーキを買って帰りました。

大晦日もコンビニでバイトです。夜はスーパーで沖縄そばを買って年越しそばとして食べました。元日もコンビニで仕事をしましたがお客さんが多かったですね。多い時はレジの前に列が出来ます。そういう時は休む暇もなく、1時間くらいずっとレジ打ちが続きました。

ローソンでは、レジ打ち以外にも色々な仕事があるのです。コーヒーを作ったり、煙草を棚から選んだり、揚げ物を包んだり、特に「マチカフェ」では、注文は多岐にわたりコーヒー、カフェラテ、エスプレッソ、紅茶などがあります。それぞれホットとアイスがあり、サイズもSMLとあり、これだけでも作り分けるのは大変です。それと同時に購入した商品もレジに入力しないといけません。私の場合、購入する商品が多く、飲み物を作ったり揚げ物を包んだりすることが重なると、もたついたり間違ったりしました。そんな時はお客さんをお待たせして他のバイトの人に応援を求めたり、代わってもらったりしなければなりませんでした。

お客さんの方も他のレジの方に移ったり、ある時は気分を害されることがありました。

そんなことが時々あって、私も精神的にも体力的にも参ってしまい、ついにオーナーにバイトを辞めたいと申し出たのです。正直に言って日本一周の旅をしている最中に、こんなきつい思いはしたくないと思ったのです。

辞めたいと申し出た翌日の夕方、オーナーにお酒を飲みに行こうと誘われました。オーナーの友達と3人でスナックに行きました。オーナーから仕事の話があるかなと思っていましたが、スナックではお酒を飲んで歌を唄ったりして仕事の話は出ませんでした。ホテルに戻ってから「うーむ、バイトはもう少し頑張るしかないかな」と思ったのでした。

大晦日、正月と働いて4日はバイトがお休みでしたので、近くの「白銀堂」という拝所に初詣に行きました。コンビニの方はオーナーと話して勤務時間を短くしてもらいました。

今まで午前と午後のどちらも勤務していましたが、最初から張り切りすぎたようです。次からは朝8時から午後1時までとなりました。勤務時間が短くなって少し楽になりました。その後、バイトは午後1時から5時までに変わり、ようやく気分的にも楽になり、仕事にも慣れてきました。

そんな中、私がまだ慣れない頃にコンビニの女性のお客さんで、「頑張ってください」と声をかけてくれた方が、2月になって私にも少し余裕が出て来た頃、「だいぶ、上手になりましたね」とふたたび声を掛けてくれました。知らない土地でも、ちゃんと見ていて応援してくれる人がいるんだなあと、ホッと嬉しい気持ちになりました。

12月23日から始まったコンビニのバイトは翌年の2月15日まで続きました。途中、辞めようと思ったこともありましたが、何とか続けたおかげで、コンビニのオーナーや店長さん始め、バイトの方たち、沖縄の人たちと知り合うことが出来ました。観光だけでは経験できない貴重な体験になりました。

実はこの翌年も糸満に滞在して、この本の原稿を書きながらローソンでバイトをしました。オーナーとはゴルフに行ったり、食事に行ったりしてますます気心のしれた友達になりました。

再び佐野先生と

今日はバイトがお休みなので、佐野先生と出かけることにしました。まず北谷町《ちゃたんちょう》の北側にある米軍の嘉手納基地に向かいました。普天間飛行場の北にある飛行場です。嘉手納基地と道路を挟んで「道の駅嘉手納」があり、その4階に展望デッキがあります。そこから嘉手納飛行場が見渡せるようになっているのです。

望遠レンズ付きのカメラを持った人など数人が手すりにもたれて、降りてくる飛行機を見ていました、佐野先生曰く「タッチ&ゴーを見に来ている」のだそうです。

タッチ&ゴーというのは、戦闘機が着陸態勢で降りてきて低空飛行をし、着陸後すぐに空に舞い上がり、飛行場の上空を一周して2回目で着陸するというものです。着陸態勢からまた空に舞い上がる、そのときの戦闘機の姿をカメラに撮ったりするのです。ただ周辺には住宅があり、住んでいる人にとっては飛行機の騒音がうるさいだろうなと思いました。実際にこの騒音に住民の皆さんが訴訟を起こしていますね。

次に行ったのは恩納村にある「SEA SIDE DRIVE—IN」です。ここは以前、NHKの「ドキュメント72時間」で取材された所だそうです。ここで人気なのがスープです。ほとんどの人がスープを注文していました。温かくてとろっとしたスープで、きれいな海を見ながら飲みましたが美味しかったです。

そして宜野座村にある「あはれん牧場」に行きました。阿波連さんが運営している観光牧場です。昔は酪農をしていたそうですが今は牛はいなくて、馬が1頭とヤギがいました。乗馬体験など動物と触れ合える所です。牧場主の阿波連さんが笑顔で迎えてくれました。

佐野先生は何回か来ていてお友達のようでした。そのうち阿波連さんと佐野先生が話して、バナナの実を取りに行こうということになり、畑に行きました。私はバナナの実を見るのは初めてでしたし、それを食べようというのです。持って帰ってきたバナナの実を佐野先生は慣れた様子で小さく刻んでいきます。それを鉄板の上で肉と混ぜて焼き始めました。野菜炒めならぬバナナの実炒めです。

食べてみましたが正直に言って美味しいとは思いませんでした。それでもバナナの実を初めて食べた良い経験になりました。

シーサー作りを体験した

前々から沖縄に来たら陶芸をしてみたいと思っていました。そこで読谷村の神谷さんに聞いてみたら、陶芸の工房に連れて行ってくれると返事を頂きました。1月のバイトがお休みの日、神谷さんの案内で読谷村にある「やちむん屋」という工房に行きました。工房の外には大小のシーサーがいくつも陳列してあり、中に入ると5~6人の職人の方達が、見たこともない大きなシーサーを作っているところでした。

これまでシーサーというと、門柱の上に長さが15ｃｍくらいの小さな物が飾ってあるのは見たことがありましたが、こんなに大きなシーサーは初めて見ました。しかも怖い表情をしています。シーサーというのは、はじめは琉球王国時代の権威の象徴だったのですが、琉球王国が明治維新後幕を閉じ、沖縄県が誕生してから「家獅子」と呼ばれる形で、屋敷の屋根や門柱にシーサーが置かれるようになったそうです。

その日、私は若い玉城さんという方に教えてもらいながら、シーサーのお面造りを始めました。それからコンビニがお休みの日に数回通ってオスとメスの2つのお面を作り上げました。お面の土台があってそこに粘土を張り付けたり、鉛筆のようなもので細かい所を彫ったりして仕上げました。初めての体験でしたが代表の新垣さんを始め、皆さん優しく教えてくださりなんとか完成しました。

その後はシーサーの本体を作ってみました。これもオスとメスが一対になっており難しそうです。粘土からこねるのではなくて基本となる形があるので、それに手を加えていけばいいのですが、お面と違って立体的ですから時間もかかります。5回くらい通って色々教えてもらいながらやっと完成しました。お面と本体は窯で焼いて色をつけるとのことでしたので後の作業は新垣さんにお願いしました。2月末に「やちむん屋」に行くと、お面と本体が焼きあがって完成していました。神谷さん夫妻も来てくれました。我ながら初めてにしては良くできたと思います。割れないように梱包して頂き、車に乗せて宗像に持って帰って来ました。この旅の大事な宝物になりました。

石垣島で友達ができた

2月中旬、石垣島と宮古島の観光に出かけました。石垣島へは2度目の訪問になります。

大学生の時、父が仕事で石垣島に住んでいましたので、遊びに行ったことがあったのです。飛行機が新石垣空港に到着し、ロビーから玄関に出るとタクシーの運転手さんが待っていました。石垣島の観光は観光タクシーですることにしたのです。最初はレンタカーを借りて独りで周ろうと思っていたのですが、独りじゃつまらないかもと思いタクシーの運転手さんと一緒に周ることにしたのです。

私は運転手さんの隣の助手席に座らせてもらいました、この方が運転手さんと話しやすいからです。運転手さんの名前は勢理客《せりきゃく》さんと言って、私より年齢は少し上のようでした。石垣島では「玉取崎展望台」「平久保崎灯台」「マングローブ吹通川」「川平湾」「石垣やいま村」などを見て回りました。その間、勢理客さんとは色々な話をしました。沖縄のこと、石垣島のこと、ゴルフのことなど。勢理客さんに釣りをしたいと言うと釣り道具屋さんに連れて行ってくれ、釣り道具と餌を借りて石垣港で釣りもできました。残念ながら魚は1匹も釣れませんでしたが。石垣港には4隻の大型の巡視船が停泊していました。それを見て沖縄は防衛の最前線に位置しているのだなとしみじみ感じたのでした。

翌日は竹富島に渡って観光しました。水牛が引く牛車に乗って竹富島の町内を見て回りました。のんびりして良いですね。海も綺麗です。午後、竹富島から石垣島に戻ってからは勢理客さんとゴルフを楽しみました。勢理客さんが連れて行ってくれたのです。まさか石垣島でゴルフが出来るとは思ってもいませんでした。今度石垣島に行ったら、また勢理客さんに連絡するでしょうね。また会いましょう、勢理客さん、お元気で。

次の日、石垣島から宮古島に飛行機で行きました。宮古島は初めて訪れました。石垣島と同じように、タクシーで島内を観光しました。同じように助手席に座り、運転手の方といろいろお話ししました。宮古島は海が綺麗でしたね。沖縄も綺麗ですが、すこし綺麗さが違うのです。海の色がより青いという感じですね。その日は宮古島のホテルに泊まり、翌日、那覇に戻りました。

30話 宗像に帰る

2月20日〜3月1日

帰る準備をしなくては

2月20日に宮古島から糸満市に帰って来ました。翌日は、コンビニのオーナーの照屋さんと沖縄滞在の最後のゴルフをしました。

ゴルフ場の駐車場でオーナーに声を掛けられ、その時に2月分のバイトのお給料を渡されました。内心、お給料はいつもらえるのかな？　と思っていたので安心しました。

だけどゴルフの内容は相変わらず悪くて進歩がないなあ。照屋さんにはコンビニでバイトとして雇って頂き、ゴルフにも誘ってもらって本当にお世話になりました。ありがとうございました。

26日は久田さんと首里城を見に行きました。首里城はまだ修復が始まったばかりで、お城は見られませんでしたが、お城の周辺の建物や、高台からの那覇市の眺めなどを見たり公園の中を散策したりしました。お昼は「A&W」というお店でハンバーガーを食べました。ここには「ルートビア」という飲み物があって、子供の頃に飲んだ薬のような味でしたが、慣れたらコーラと同じような感じで飲めました。ハンバーガーも美味しかったですよ。午後は古宇利島までドライブをして帰って来ました。久田さん、お世話になりました。沖縄での観光や色々なことを教えてもらって助かりました。

それから出発までの間はお土産を買ったりして過ごしました。朝はホテル近くの南浜公園のビーチを散歩しました。毎朝のようにこのビーチを散歩しましたが、コバルトブルーの海と浜辺が綺麗で本当に良い所でした。そして3月1日にRAV4をフェリー会社に持って行き、輸送の手続きをして、私は那覇空港に行き午後の便で沖縄を後にしました。

3日間の隔離生活

飛行機の窓から見下ろすと福岡空港の上空は、どんよりと曇っていて雨が降っていました。沖縄の天気とは全然違うなあと思いながら飛行機は着陸しました。そして電車とタクシーを乗り継ぎ夕方に宗像市の病院に着きました。

今回も沖縄からすぐ自宅へは帰りませんでした。当時はコロナの感染が続いていましたので、妻からは3日間は病院の2階で隔離生活を送るように言われていたのです。健康状態は良かったのですが潜伏期間もありますし、私も自宅に帰らないことには反対しませんでした。でも考えてみると、全国的にコロナの感染が続いている状況で旅に出て、コロナに感染しませんでしたが、それはほとんどが車の中にいて夜はホテル住まいだったこともあったのでしょう。

翌日から病院には出勤しました。そこで妻と次男と病院のスタッフと久しぶりに再会しました。スタッフから「お帰りなさい」と言われました。お土産はRAV4に積んでいますのでもう少し待っていてください。私が診ていた患者さんも来院されて、元の生活が始まりました。

3日経過しフェリー会社に連絡すると、RAV4が到着しているとのことでしたので、夕方、妻と一緒にフェリー会社に行ってＲＡＶ４を受け取って家に帰って来ました。ＲＡＶ４はやはり船酔いでげっそりしていました。これでようやく日本一周の旅が終わったのです。

もう少し感動するのかなと思っていましたが、「やりとげたぞー」という達成感はなくて、淡々と日常の生活に戻っていった感じでした。

31話

日本一周の旅を終えて

日本一周の旅の総決算

とにかく無事故・無違反で病気になることもなく、元気で帰ることが出来たのが一番ですね。それから旅の目標だった47都道府県を全部周ることも出来ました。そして沖縄で新しい友人が出来たことは私の人生の大事な宝物になりました。70歳になってから、ひとりで日本一周の旅を成しとげたことは、きっと死ぬ間際、行って良かったと思えるでしょう。

ここに、今回の日本一周の旅の総決算として、走行距離、日数、費用などを皆さんにお知らせしたいと思います。

走行距離：１６，７０８ｋｍ
日　　数：２０２２年９月７日～２０２３年３月１日までの１７５日間
　　　沖縄滞在は２０２２年12月15日～２０２３年３月１日までの76日間
費　　用：約２，３００，０００円
　　この費用の中にはＲＡＶ４の購入費用は入っていません。

主な費用内容は、ホテル代、食費、交通費（沖縄に行った時の航空運賃なども含む）、RAV4の輸送運賃、ガソリン代、ポータブル電源購入費、入場料など。

それから、私の記憶に残った所や料理を挙げてみます。

【温泉】

栃木県那須塩原市　塩原元湯温泉にごり湯
長崎県雲仙市　雲仙温泉青雲荘のにごり湯
北海道枝幸郡枝幸町　うたのぼりグリーンパークホテルの温泉
青森県青森市　みちのく深沢温泉

【お城】

福島県会津若松市　鶴ヶ城　紫色の屋根が綺麗でした。
岡山県高梁市　備中松山城　日本一高い所にあるお城です。
熊本県熊本市　熊本城　修復された天守閣が綺麗です。
岐阜県岐阜市　岐阜城　天守閣からの眺めが最高でした。

【神社・仏閣】

和歌山県伊都郡高野町　高野山奥の院　たくさんのお墓に圧倒されました。
三重県伊勢市　伊勢神宮　厳かな佇まいが印象的でした。

奈良県奈良市　　　　　東大寺　鹿がいて、大きなお寺でした。

【美味しかった料理】

岩手県盛岡市　　ちりめん亭　塩ラーメン

北海道余市市　　ぼうまる　海鮮丼

北海道富良野市　くまげら　カレーライス

兵庫県養父市八鹿町　道の駅ようか但馬蔵　豚カツ定食（八鹿豚）

あとがき

日本一周の旅を終えて、まず思ったのは、無事に帰って来られたということですね。無事故・無違反、病気も怪我もしませんでした。車を走らせる速度は、法定速度でゆっくり走りました。世間ではコロナの感染が続いていましたが、運よくコロナにも感染しませんでした。やはり健康第一ですね。それと体力。普段から毎日1時間はウォーキングしていましたので、歩くことには自信がありました。

今回の日本一周の旅で、47都道府県全部を周ることが出来ました。そして色々な景色を見たり、美味しい料理を食べたり、気持ちが良い温泉に入ることが出来ました。

しかし、一番の宝物は人との出会いでした。友達や知人との再会、新しい友達が出来たことなどです。友達や知人の中には50年ぶりに再会した方もいました。体調を崩した方もいました。病気で会えなかったり、行方が分からなかったりした人もいました。

この旅に出たからこそ、友達や知人の様子が分かりました。そのお陰で友達や友人と再び連絡が出来るようになりました。

旅の途中で再会した友達、知人の方々には、活力というか、旅を続ける力を頂きました。沖縄では滞在期間が2か月余りと長かったので、長く付き合って頂ける友達が出来ました。これからも交流を続けたいと思っています。

実はこの本を執筆するため、私は沖縄に行って原稿を書いてきました。暖かい沖縄で、再びローソンでバイトをしながら集中して書きました。冬でも暖かい沖縄は本当に過ごしやすかったので、沖縄滞在中にかなり原稿を書き上げることができました。

本の執筆に当たって協力して頂いた田代さん、伊藤さん、瀧口さん、心より感謝いたします。原稿を読んで修正が必要な個所をチェックして頂きました。ありがとうございました。

出版社の新保さんとは、いろいろと意見を交わしながら、お陰さまでなんとか本を出版することが出来ました。最後まで付き合って頂きありがとうございました。

最後に——今回1人旅を経験しましたが、たまには良いですがやはり家族と一緒の方が良いなあとつくづく感じました。ホテルの部屋で1人でいるとき、急に寂しさを感じたり、綺麗な景色を見るたび、この景色を家族と一緒に見たかったなーと何度も思いました。

著者

［著者プロフィール］

阿波 周作（あなみ しゅうさく）

1951年、北九州市門司区生まれ。

日本獣医畜産大学（現在の日本獣医生命科学大学）卒。

長年、産業動物獣医師として家畜の治療に奔走するが、後に、小動物も診る病院を開設する。

現在は自身が開業した阿波獣医科病院にて、ペットなどの家庭で飼われる小動物の治療を行う。

何かをやりとげたいと思った、
70歳の日本一周の旅

2024年5月29日　初版第１刷発行

著　者　阿波周作　

発　行　合同会社 オールズバーグ
〒107-0062　東京都港区南青山2-2-15
https://allsburg.co.jp/

発　売　株式会社 扶桑社
〒105-8070　東京都港区海岸 1-2-20　汐留ビルディング
電話　03-5843-8143（メールセンター）
www.fusosha.co.jp

印刷・製本　中央精版印刷 株式会社

ISBN978-4-594-09759-2　C0095　Printed in Japan